丛书编委会

总　策　划：来新国　王文成

编委会主任：郭齐勇　周晓亮

编　　　委：来新国　陈知涯　张　彧　尹格韬　沈　众

　　　　　　王文成　孟淑贤　周长志　罗养毅　秦　丹

　　　　　　乌　琛

大家精要

左宗棠

王林 著

Zuo Zongtang

陕西师范大学出版总社

图书代号 SK17N0212

图书在版编目（CIP）数据

左宗棠 / 王林著. —西安：陕西师范大学出版总社
有限公司，2017.5（2024.1重印）
（大家精要）
ISBN 978-7-5613-9051-1

Ⅰ.①左…　Ⅱ.①王…　Ⅲ.①左宗棠（1812—1885）—
传记　Ⅳ.①K827=52

中国版本图书馆CIP数据核字（2017）第091495号

左宗棠　ZUO ZONGTANG

王　林　著

责任编辑	陈柳冬雪	
责任校对	王淑燕	
封面设计	张潇伊	
出版发行	陕西师范大学出版总社	
	（西安市长安南路199号　邮编710062）	
网　　址	http://www.snupg.com	
印　　制	永清县晔盛亚胶印有限公司	
开　　本	650 mm×930 mm　1/16	
印　　张	10	
字　　数	100千	
版　　次	2017年5月第1版	
印　　次	2024年1月第2次印刷	
书　　号	ISBN 978-7-5613-9051-1	
定　　价	45.00元	

读者购书、书店添货或发现印刷装订问题，请与本公司销售部联系、调换。

电话：（029）85303879　　传真：（029）85307864　85303629

目　录

第 1 章

身无半亩，心忧天下

左宗棠是与曾国藩、李鸿章齐名的晚清名臣，但他的家世和出身要比曾、李二人差得多。他出生时因母亲奶水不足，又雇不起乳母，只能靠吸吮米汁活命。二十岁时就读于长沙城南书院，靠书院膏火维持生活。结婚后入赘妻家，寄人篱下，连进京赶考的路费都由亲友资助。但左宗棠家贫从不言穷，志向远大，苦读有用之书，结交当朝名士，终于趁乱世需才孔亟之时，厚积薄发，平地拔起，一飞冲天，由一区区举人跻身督抚，两入军机，驰骋东南，扬威西北，成为中国近代史上的关键人物之一。其跌宕、传奇的人生经历犹如一本励志教科书，把草根能成大器的古老故事演绎得淋漓尽致，令人钦佩和向往。

一、从未向人说一穷字

左宗棠，字季高，又字朴存，早岁自号"湘上农人"，1812 年 11 月 10 日（清嘉庆十七年十月初七日）出生于湖南省长沙府湘阴县南乡左家塅（今属湘阴县金龙乡新光村）。湘阴地处湖南北部，南邻省会长沙，北接洞庭湖，当湘江、资水之尾，物产丰富，文化发达，号称鱼米之乡、文献之邦。

左家自南宋时已为湘阴人，其先祖均以耕读为业。左宗棠的高祖左定师，县学生员。曾祖父左逢圣，县学生员，好做善事，以孝义闻名乡里。祖父左人锦，国子监生，尝仿社仓法，倡捐谷为族仓，以备凶荒。父亲左观澜，县学廪生，此辈左家日益清贫，左观澜不得不外出授徒挣钱维持全家生活。1807 年湘阴大旱，左家生活限于困境，经常以糠饼、瓜菜充饥。左宗棠后来从他姐姐口中得知当时家中的苦况，曾写诗曰："十数年来一鲜民，孤雏肠断是黄昏。研田终岁营儿哺，糠屑经时当夕飧。五鼎纵能隆墓祭，只鸡终不逮亲存。乾坤忧痛何时毕，忍属儿孙咬菜根。"

左宗棠出生时，左家已有三个女儿、两个儿子，祖父母也健在，全家共十口人。左宗棠大哥左宗棫，县学廪生，1823 年病逝，年仅二十五岁。二哥左宗植，1832 年中举，后任桂东教谕和内阁中书等职，善于书法诗词，研究天文、易理，有著作传世。左宗棠即左家第三子，他出生后家境更是每况愈下，十六岁时母亲病逝，十九岁时父亲病逝，留下田地数十亩，每年收租谷四十八石，家用日益不足。但左宗棠家贫不言苦，他后来在给朋友的信中写道："自十余岁孤露食贫以来，至今从未尝向人说一穷字，不值为此区区挠吾素节。"其忧道不忧贫的志向常人难及。

左宗棠幼年，深得祖父喜爱。在他四岁时，祖父就教他读书、写字。有一次，祖父携他去宅后山上摘毛栗。摘满一筐后，祖父让他提回分给哥哥姐姐们吃，左宗棠竟能平均分给，自己不自取自食。祖父为此很高兴，称赞道：此子小小年纪，分物能均，又知道让予别人而忘其私，日后必能为吾家光大门楣。

左宗棠五岁时，随家迁往长沙左氏祠。父亲开馆授徒，兄弟三人随同学习。左宗棠天资聪慧，记忆力强，父亲的讲授及两个哥哥的诵读，都能默记不忘，颖悟过人。六岁时开始读《论语》《孟子》，兼读朱熹的《四书集注》。他遵循父亲的教诲，读书一字不许放过。除读经之外，也读些史书，每每羡慕古人大节。九岁时开始学做科举应试文，十四岁时，每作一文，往往沾沾自喜，好卖弄，敢大言。

1826 年，十五岁的左宗棠开始参加童子试，从此走上了坎坷的科举之路。第二年参加府试，本来拟列为头名，因某生年老，左宗棠只得屈居第二，后又因母亲生病，未参加院试，未能取得秀才资格。此后五年，母亲、父亲相继病逝，他在家服丧，未能参加考试。

1832 年，左宗棠服丧期满，正赶上清廷举行恩科乡试。左宗棠因不是秀才而不能参加，为了取得考试资格，只得捐资成为监生。乡试完毕，左宗棠中了第十八名举人，而中第一名的则是他的二哥左宗植。

左宗棠这次中举颇为幸运、曲折。按照当时的惯例，乡试试卷先经同考官阅荐，然后再由主考官选取，同考官斥为遗卷者，主考官不再取阅。左宗棠的试卷曾被同考官斥为遗卷，未予推荐。

万幸的是这一科是为道光帝五十寿诞而特开的，朝廷特命考官搜阅遗卷，增加录取名额。因副主考胡鉴生病先卒，主考官礼科掌印给事中徐法绩便独自一人看了五千多份遗卷，从中复取六人，左宗棠居首。他让同考官补荐，同考官竟不同意，还说，中不中由你，荐不荐由我。徐法绩拿出朝廷新发谕旨劝说，同考官才不敢有异议，但私下仍有人怀疑主考与这份试卷的作者有私情。

因左宗棠曾在湖南巡抚吴荣光主持的湘水校经堂课试中，七次名列第一，当他得知所取者为左宗棠时，立即向徐法绩表示祝贺，其他人才信服主考的眼光。三十七年后，当左宗棠的西征大军经过陕西泾阳徐法绩的老家时，徐已去世多年，左特意命人将徐氏墓道修葺一新，立碑纪念。徐的孙子又把当时徐记述这件事的家书给左宗棠看，左为此书做了一个跋，一并印刷，以传后世。左宗棠一生只获得举人功名，若不是当年徐法绩力排众议，大海捞针，左宗棠就只是个用钱买来的监生，一代英杰也可能就屈死在乡野之中。

中举后，左宗棠与湘潭周诒端结婚，因家贫，入赘周家。当年要去北京参加会试，却因家贫无以治装。周夫人从嫁妆中拿出一百两银子，助夫远行。而此时左宗棠的大姐也因家贫揭不开锅，他便将这一百两银子全部给了大姐，自己后来由亲友资助才得以成行。

左宗棠一生有三位夫人。原配周诒端，湘潭辰山人，性贤淑，有文才，著有《饰性斋遗稿》。周家家境富裕，故左宗棠与周氏结婚后，入赘周家。直到1844年，左宗棠三十三岁时，才将妻小从湘潭迁回湘阴。左宗棠与周夫人感情甚好，但自左宗棠督师出征后，只在福州及夏口与周夫人相聚两次。周夫人生有三女一男。1870年，周氏在长沙病逝，左宗棠正在甘肃带兵打仗，遂有"衰老余年，不遑启处，失兹良助，内顾堪虞"之叹，后又在《亡妻周夫人墓志铭》中对其德行给予极高评价。1836 年，左宗棠纳侧室张氏。张氏原是周夫人随嫁侍女，因左宗棠三十四岁时尚无儿子，故纳张氏。周夫人体弱多病，家务活均由张氏承担。1846 年周夫人生下儿子孝威，因体弱无乳，难以养育，幸喜次年张氏生下儿子孝宽，于是张氏便同时乳养两子，而且是先乳孝威，再喂孝宽。张氏生有三男一女。这样，左宗棠共有四儿四女。另据左宗棠后人左焕奎在《左宗棠略传》中记载，左宗棠在 1881 年入值军机期间，慈禧太后见其单身无人侍候，便赐侍女章氏。章氏当时年仅十七岁，西安人，其父是西安知府，因才貌出众，被选入宫，此时奉谕做了左宗棠的侍妾。此后左宗棠前往南京、福州任职，均由章氏随侍。1885 年左宗棠去世后，她扶柩回湘，居长沙司马桥宅第。1940 年长沙大火将司马桥房屋全部烧毁，章氏迁往湘阴左家塅太傅祠居住，直到 1947 年去世，享年八十三岁。

1833 年，左宗棠第一次到北京参加会试，未中。他将途中所见，作《燕台杂感》七律八首，其中一首流露出在新疆建省和屯田的想法，诗曰：西域环兵不计年，当时立国重开边。橐驼万里输官稻，沙碛千秋此石田。置省尚烦它日策，兴屯宁费度支钱？将军莫更纾愁眼，生计中原亦可怜。谁能想到几十年后，左宗棠竟实现了自己的愿望。他又在给徐法绩信中说，目睹时务之艰难棘手，莫如荒政及盐务、河工、漕运诸务，表示要致力于时务之学。落第归乡后，左宗棠将左家田产全部交给大哥的儿子，自己寄居在湘潭妻家。

1835 年，左宗棠第二次赴京参加会试，初选中第十五名，后因湖南超额，仅录取为"誊录"。史馆"誊录"，积劳得叙，也能混口饭吃，但左宗棠耻与为伍，不就，返回家乡。

1838 年，左宗棠第三次参加会试，再次落第，从此绝意科举，不再为一纸功名而托付终生。

在科举时代，科举功名是一个人跻身官场的敲门砖。左宗棠终其一生只得到了举人的功名，按一般发展趋势，他只能像他的父辈那样在乡下以教书为生。往好上说，混迹于乡绅行列，成为地方精英；往坏处说，甚至连温饱都难以解决。但左宗棠改变了举人的宿命，他最终抓住了乱世需才的机遇，又得到朝中大员的赏识，靠个人的不懈奋斗，成为与曾国藩、李鸿章这样的翰林平起平坐的"中兴名臣"，这不能不令人叹服。民国学者徐一士在《一士类稿》中，将左宗棠与梁启超并列论述，认为二人均为清代举人中之杰出者。对于仕宦，左氏志在为督抚，梁氏志在为国务大臣，后各遂其愿。左宗棠由浙江巡抚而闽浙总督、陕甘总督，以大学士入朝为军机大臣，后又出为两江总督，而且锡爵由一等伯晋二等侯，为清代赫赫名臣，不但素志得偿，而侯相之尊，更过乎所望。有清一代，汉人进士出身者始得入阁，左以举人破格廧揆席，实为异数，故李鸿章谓之为破天荒相公。英雄莫问出处，左宗棠的成功对那些学历不高而确有真才实学的草根们无疑是一种永远的精神鼓励和榜样力量。

二、读破万卷，神交古人

左宗棠科场不顺，最终只落个举人功名，但这并非是因为他读书不勤，用功不深，而是因为他不同流俗，别有抱负，把主要精力放在了经世之学上。潜心于经世之学固然会导致他科场受挫，可这也正是他日后能够脱颖而出、大展宏图的立身之基。孰得孰失，难以预料。

1829 年，左宗棠购得顾炎武的《天下郡国利病书》、顾祖禹的《读史方舆纪要》及齐召南的《水道提纲》等书，朝夕研读，凡有所发现，便随手记录，对书中所载山川险要，战守机宜，了如指掌。至于贺长龄、魏源新编成的《皇朝经世文编》，他更是圈点殆编，熟烂于心。有人嘲笑他读这类书无用，他不为所动，研读更加精勤。在科举指挥棒的驱使下，当时的绝大多数学子为求得功名，都醉心于八股文和五言八韵诗中，而左宗棠却潜心读这些科场之外的经世书，其举动不同凡人，其志向亦非常人可比。

1836 年，左宗棠寄居在周家，更致力于舆地学的研究，并准备绘制地图。他计划先作清代一统图，按里程画方，用颜色加以区别，待完成后，再分省分府一一绘制，再由明朝至元朝至宋朝，一直上溯到《禹贡》九州。他为此付出不少精力和时间，并得到夫人的大力帮助。他每做完一图，则交由夫人影绘。周夫人也精于文史，夫妻二人谈史，遇有未审之处，夫人随时取来书架上某函某卷印证，十得八九。此时的左宗棠倒有点红袖添香夜读书的雅趣，他曾用一联语形容当时的生活和志向："身无半亩，心忧天下；读破万卷，神交古人。"

此后数年，他仍不断地对舆地学进行研究。如 1838 年，他抄录《畿辅通志》《西域图志》及各直省通志中有关山川关隘、驿道远近等内容，分门别类，编订成十巨册。1839 年，他仍在从事舆地图说的研究，除山川道里、疆域沿革外，还条列历代兵事。1840 年，他在陶澍家中看到《古今图书集成》所载康熙舆图和乾隆内府舆图，又将自己以往所绘地图予以修订。如果这样一直研究下去，左宗棠或许能成为一个卓有成就的舆地学家。

除舆地学外，左宗棠对农学也很有兴趣，曾自负平生以农学为最长。他在第三次会试落第后，开始留意农事，对农书探讨甚勤，认为区种最好，并作《广区种田图说》，指陈其利。他不仅研究农书，而且亲自实践。他在乡下指导家人及农人种桑、养蚕、种茶、种竹、种花木。湘阴原本无茶，他实开当地种茶之先河。左宗棠在农事中自得其乐，自称"湘上农人"，在给朋友的信中写道："兄东作甚忙，日与庸人缘陇亩。秧苗初苗，田水琤琤，时鸟变声，草新土润，别有一段乐意。出山之想，又因此抛却矣。"左对农事的兴趣终生不减，西征期间，他每到一地，就教将士种树艺蔬，兵民杂处，并力农事，待军队临行，尚依依不舍。

左宗棠热衷于经世之学与当时盛行的经世思潮有关。经世思潮是清朝嘉庆道光年间兴起的一种社会思潮，其目的在于扭转当时思想界流于空谈或陷于考证的学风，直面现实，力图解决当时日益严重的社会危机，其关注的重点包括水利、荒政、田赋、盐政等与国计民生直接有关的诸大政，其主要代表人物有陶澍、林则徐、贺长龄等人。左宗棠虽与这些人年龄和地位相差悬殊，但他与以上诸人都有深浅不一的交往，直接受他们经世思想的影响。左宗棠在科场受挫，但他潜心经世之学却给他带来意外的收获，他借此得以结交当朝名流重臣，并凭对经世之学的精通而能在世道巨变的时代展现自己的才华。

三、平生师友，尽当世名人

左宗棠早年家贫，科场又受挫，出人头地的机会本来很小，但他不因贫穷改变志向，不为功名死守科场，而是在读书交友方面另辟蹊径，读有用之书，交当世名流，历经磨难，终于成就了厚积薄发、大器晚成的人生。

　　1830 年，左宗棠因父亲病逝，在长沙居忧。而此时江宁布政使贺长龄也因母逝回长沙丁忧。左宗棠久慕贺的品学和才能，加上贺家藏书甚多，便上门借书并请教。贺长龄很欣赏左的才华，推为国士。左每次去借书，贺都亲自上楼梯取书，来回数次，不以为烦。每次还书时，贺必问其所得，两人互相考订，孜孜断断，毫无厌倦。贺还告诫左宗棠，现在天下乏才，不要苟且小就，自限其成，要立志干一番大事业。贺长龄是嘉道两朝名臣，曾主持编纂《皇朝经世文编》，集清代前期经世文之大成。贺长龄后来官至云贵总督，曾邀左宗棠入其幕府，左因故未去，但受其思想影响较大。

　　左宗棠与贺长龄的弟弟贺熙龄交往更深。贺熙龄曾任湖北学政，1831 年归湘后任长沙城南书院山长。贺是左在城南书院读书时的老师，对左同样器重。他教左宗棠读汉宋先儒之书，在"致敬"上下功夫。左宗棠性情比较豪放，在贺的指导下，他针对自己气质粗驳、动逾闲则的性格缺点，以"涵养须用敬"为对症之药，先从寡言、养静两方面下功夫，强勉用力。左宗棠离开城南书院后，两人仍保持密切联系，往还求教，书信不断，故左后来在致贺的信中，有"十年从学"之语。左不仅在治学、修身方面深受贺的影响，而且也在与贺的交往中，了解时局，观察时事，这对他以后出山从政大有裨益。左贺两人不光有师徒之情，还是儿女亲家。1846 年，左宗棠的大儿子左孝威出生，贺熙龄就将自己的小女儿许配给孝威，两人的关系更进了一层。

　　1837 年，正在醴陵渌江书院讲学的左宗棠又遇见一位晚清政坛的大人物陶澍。陶澍，湖南安化人，时任两江总督，在海运、盐政、河工、蠲赈等方面政绩显著，声望正隆。当时，陶澍巡阅江西，回籍省墓，途经醴陵。醴陵县（今醴陵市）令在给陶澍准备行馆时，请左宗棠写几副门联。左宗棠对陶澍仰慕已久，恨无缘得见，此种千载难逢的自荐机会岂能错过。他对陶澍本来就有所了解，知道道光十五年十一月底，皇帝在宫中十四次召见陶澍，又亲自为其幼年读书的"印心石屋"题匾。这在君主专制时代，是天大的荣耀。于是，左宗棠投其所好，挖空心思地写出这样一副门联："春殿语从容，廿载家山印心石在；大江流日夜，八州弟子翘首公归。"上联写陶澍在宫中从容面对皇上的询问，皇上为其书房题字；下联写湖湘子弟对陶澍的颂扬和企盼。

陶澍一看见这副门联，一股暖流涌上心头，便急忙询问此联为何人所写，经县令引见，左陶二人得以相见。陶澍视左宗棠为奇才，两人纵论古今，彻夜长谈。自此，左宗棠与陶澍结下了不解之缘。1838年，左宗棠第三次会试落第归来，特意绕道南京拜见陶澍。陶澍留他在总督衙门，每日与幕友谈论，时间长达一旬有余。临别之时，陶澍对左宗棠说，你的言论志向，我都明白，你将来的勋业当在我之上。陶澍是嘉道年间政坛的领袖人物，晚清政坛诸多名臣均出自其门下或受其影响，他对左宗棠欣赏和期望后来完全得到了印证。

不仅如此，陶澍认定左宗棠日后定会大有出息，左家也会因此成为名门望族，于是当面聘左的大女儿给自己的儿子陶桄为妻，两人成了儿女亲家。不久陶澍去世，其子年仅七岁，左宗棠受老师贺熙龄之托，赴安化小淹陶澍家中，设馆教授陶桄，同时帮助料理陶家家务。左宗棠在陶家寄居八年，教书持家之余，得以遍阅陶家极为丰富的藏书，为日后出山打下了坚实的学问基础。

1850年1月，左宗棠与自己敬仰已久的林则徐在长沙会面。两年前，林则徐在云贵总督任内，因胡林翼推荐，曾邀左宗棠入幕，左因事未往，但对林的敬慕之情与日俱增。此时，林则徐由云南辞官回乡，途经湖南，特遣人至湘阴，约左宗棠来长沙一晤。两人见面后，在一叶小舟上畅谈竟夕，林赞左为不凡之才，并亲书一副对联相赠："此地有崇山峻岭，茂林修竹；是能读三坟五典，八索九邱"。林则徐还将自己收集的有关新疆的资料全部交付给左宗棠，并且说："吾老矣，空有御伐之志，终无成就之日。数年来留心人才，欲将此重任托付。东南洋夷，能御之者或有人，西定新疆，舍君莫属。以吾数年心血，献给足下，或许将来治疆用得着。"后来的历史证明，林则徐托付得人，左宗棠不负所望。

1850年11月，林则徐病逝于广东普宁行馆。左宗棠闻讯后，"且骇且痛，相对失声"。他为此写一挽联以寄哀思："附公者不皆君子，间公者必是小人，忧国如家，二百余年遗直在；庙堂倚之为长城，草野望之若时雨，出师未捷，八千里路大星颓。"这副著名的挽联后来被刻在福州西湖林文忠公祠堂，被人铭记。

左宗棠晚年曾任两江总督，而他所景仰的两位前辈陶澍、林则徐当年分别任两江总督和江苏巡抚，两人和衷共济，志同道合，政绩显著，五十年后流风善政犹存。现在自己也总督两江，回想陶、林二人对自己的知遇之恩，左宗棠情不能已，于是上奏朝廷，在南京为陶、林合建专祠，春秋致祭，得到允准。专祠建成后，左题上一副楹联："三吴颂遗爱，鲸浪初平，治水行盐，如公皆不朽；卅载接音尘，鸿泥偶踏，湘间邗上，今我复重来。"很显然，左宗棠在赞颂陶、林不朽业绩的同时，也以陶、林的后继者自居。

左宗棠与胡林翼的关系更不一般。胡林翼，湖南益阳人，道光十六年进士，朝选后，改庶吉士，道光十八年散馆后，授职翰林院编修，历任江南副考官，贵州安顺、镇远、思南、黎平知府，贵东道，累迁至湖北巡抚。胡林翼与左宗棠同岁，但发迹较早，后来在镇压太平天国的战事中，成为与曾国藩齐名的"中兴名臣"。胡左二人的父亲原是湖南岳麓书院的同窗好友。更为有趣的是，胡林翼是陶澍的女婿，而左宗棠与陶澍是儿女亲家，论辈分左要高胡一辈，二人又先后受教于贺熙龄，深受经世思潮的影响。

1833年，左宗棠进京赶考，左、胡二人在北京订交，此后关系越来越密切。左宗棠在安化小淹陶家教馆时，胡林翼经常至小淹，与左宗棠共同规划陶氏家事，夜晚则连床谈古今大政，往往通宵达旦。

胡林翼是对左宗棠一生影响最大的挚友之一。他曾至少五次向当朝官员和朝廷推荐左宗棠，为左出山创造机会。第一次是将左推荐给自己的岳父陶澍，使陶澍对左宗棠未见其人，先闻其名，此后才有醴陵一见如故的好戏。第二次是1847年推荐给林则徐，林当时任云贵总督，胡在其手下任贵州安顺知府。林则徐邀请左宗棠入幕，左因在陶家执教，脱不开身，未应，但为两年后的湘舟会晤结下了因缘。第三次是1851年推荐给湖广总督程裔采，因程聘请不坚，左也漠然不愿。第四次是同年又推荐给湖南巡抚张亮基，在张的再三礼聘下，左宗棠终于出山，开始了其戎马生涯。第五次是1855年，此时胡林翼已任湖北巡抚，他向咸丰皇帝保荐左宗棠，虽未能即刻重用，却引起皇帝的注意。1860 年左宗棠因受人诬陷，险些被杀，又是胡林翼仗义执言，为左辩解，再加上其他人的开脱，左才得以化险为夷，并因祸得福以四品京堂候补的身份入曾国藩大营襄办军务。

1861 年 9 月 30 日，胡林翼在武昌病逝，年仅五十岁。左宗棠对此极为痛惜，在挽联中写道："论才则弟胜兄，论德则兄胜弟，此语吾敢当哉？召我我不至，哭公公不闻，生死暌违一知己；世治正神为人，世乱正人为神，斯言君自道耳，功昭昭在民，心耿耿在国，古今期许此纯臣。"他的《祭胡文忠公文》更是情真意切，感人至深："自公云亡，无与为善，孰拯我穷，孰救我偏？我忧何诉，我喜何告？我苦何怜，我死何吊？追维畴昔，历三十年，一言一笑，愈思愈妍。"左宗棠与胡林翼真可谓生死之交。

左宗棠与郭嵩焘、郭昆焘兄弟也有不错的交谊。郭嵩焘，道光进士，历任翰林院编修、苏松粮储道、两淮盐运使、广东巡抚，后出任驻英、法公使，是中国近代第一位驻外公使。其弟郭昆焘，举人，长期在湖南巡抚任幕僚。郭氏兄弟与左宗棠是湘阴老乡，彼此从小就相识。太平军进攻湖南时，他们共同避居湘东青山，患难与共。其间，郭氏兄弟曾力劝左宗棠出山。左宗棠先后入湖南巡抚张亮基、骆秉章幕府，皆与郭昆焘为幕友。而在京入值南书房的郭嵩焘，则在樊燮控告案中给予左宗棠很大帮助，并在皇上问询之时，极力推荐左宗棠。

以上所列虽不是左宗棠早年交往的全部，但从中不难看出他结交的名士重臣数量之多，级别之高。可以说以一介举人而能有如此高层次的交往，在当时全国范围内难有第二人。左宗棠早年的交往对他以后的事业发展有着极其重要的影响，其意义至少体现在三个方面：一、以上诸人皆是经世派的代表人物，左在与他们的交往中，深受其经世思想的影响，故能潜心于经世之学的研究，这为他以后出山从政打下了坚实的学问功底。左宗棠虽科举功名没法与曾国藩、李鸿章相比，但对经世之学研究决不会比曾、李差，或许还高出一筹，这也成为左宗棠能傲视曾、李的资本之一。二、左宗棠早年大部分时间蜗居乡下，特别是在安化小淹陶家八年，更是身隐山中，但因与以上诸人的交往，使他能及时了解时局和现实的变化，做到身在书房，心系天下，否则，只埋头读书，不问时事，两眼一抹黑，何以能择时而出，干出一番大事业？三、在与上述诸人的交往中，左宗棠的才华逐渐为人所识，并在不断的推荐中引起朝野的关注，这对左宗棠一生的成功极为关键。左功名不高，在唯功名是崇的时代，若没有如此多的名士重臣极力推荐、保举，左何以能在四十岁以后脱颖而出，终成大器？左的早期经历给后来者诸多启示：要想成功，就要立志高远，潜心读书，结交名人，抓住机遇，尽展所长。

第 2 章

八年戎幕坐啸

1852 年 10 月，在太平军围攻长沙之际，左宗棠应湖南巡抚张亮基之邀，离开避难的湘阴东山白水洞，进入湘幕，开始了长达八年的幕府生涯。

一、事无巨细，尽委于我

左宗棠因为家贫，结婚后一直住在妻家。1840 年到安化小淹陶家任教，前后历时八年。1843 年，他用教书积攒的钱在湘阴南乡柳家冲购田七十亩，次年将妻子儿女迁到柳家冲，总算有了一个自己的家，署其名曰"柳庄"。他自己在教学之余，也常回柳庄督工耕作，种茶植桑，自号"湘上农人"。

1851 年 1 月，太平天国起义在广西爆发。1852 年 6 月，太平军从广西挺进湖南，全省震动。清廷命云南巡抚张亮基调任湖南巡抚，即刻赴湘抵御太平军。8 月，张亮基经贵州进入湖南，在到达常德时，就专门派人礼聘左宗棠出来共匡大局。此时的左宗棠正同一家老小躲藏在湘阴东山（即青山）白水洞，这是他预感时局将变事先特意选择的避难地。当张亮基向胡林翼征询湘省人才时，胡在复信中极力推荐左宗棠，称左廉介刚方，秉性良实，忠肝义胆，与时俗迥异，胸装古今地图兵法，精通时务。10 月初，张亮基到达长沙附近，再次给胡林翼写信，托他劝左宗棠出山相助。胡得书后立即写信给左宗棠，敦促他急速出山。此外，张亮基还驰书已尾追太平军到达长沙的江忠源，让他劝左宗棠出山。而此时与左宗棠同居山中的郭嵩焘、郭昆焘兄弟及左的二哥左宗植也劝其应聘。于是，左宗棠在观察时局、权衡利弊之后，决定出山助防，用军功来成就自己的事业。

当左宗棠进入张亮基幕府时，长沙的防守形势已十分严峻。10 月 13 日，洪秀全、杨秀清率太平军主力抵达长沙，大举攻城，长沙岌岌可危。左宗棠入幕后，被委以军事，部署防守。张亮基对他极为信任，凡有所建议，立见施行。左极为兴奋，不辞辛劳，日夜规划防守。他鉴于太平军重兵驻扎城南，背水面城，而清军援军已扼其东北，太平军已自趋绝地，唯河西防备薄弱，因此建议派军西渡，驻守回龙潭一带，将太平军一举全歼。这一建议得到张亮基、江忠源的赞同。此时清军虽云集城内外，有六七万人，但分别由一个中堂、三个巡抚、三个提督、十一二个总兵控制，难以统一指挥，迁延不进。张亮基无奈之际，欲亲自督兵西渡，却因太平军掘地道攻城甚猛，未能成行。由于清军顽强抵抗，太平军攻城八十余日，未能攻下，不得不撤围，经回龙潭转移，在攻下益阳、岳州等地后，挺进湖北。当太平军撤围北上后，钦差大臣徐广缙等统兵大员才后悔不用河西合围之策，可悔之晚矣。

在太平天国的影响下，湖南境内的农民起义也风起云涌。

因此，在太平军出境后，张亮基、左宗棠将镇压的重点转向境内的各类起义军。他们首先向势力最大的浏阳"征义堂"发起进攻，一切军事方略都由左宗棠部署。左宗棠建议江忠源到浏阳后，大肆张贴告示，晓谕当地民众，不问征义堂非征义堂，但问为匪不为匪，并遣人招其首领投降，以分化瓦解。同时联络四乡各民团，齐力并进，进兵宜神速，令其不测。经左宗棠的这番部署和江忠源的率兵进攻，征义堂起义很快失败。事后，郭嵩焘评价说，江忠源征讨征义堂，实受方略于左宗棠，发谋决策皆宗棠任之，张亮基不过坐受其成而已。

1853年1月12日，太平军攻占武昌，这是太平天国起义后占领的第一座省城，清廷震动。2月，清廷命张亮基署湖广总督，左宗棠随同前往，从而开始了自己的幕鄂生涯。

此时，太平军已撤离武昌东下，张亮基、左宗棠所面临的主要任务是修复城池，抚恤难民，镇压各地起义军，支援东下尾追太平军的清军，并防止太平军再次入境。张对左极为信任，每天晚上，张亮基都召集左宗棠、郭昆焘等幕僚商议军务，决定第二天的具体安排。张还将总督大印交予左宗棠，并说若有紧急军务，可先行而后告。左对此很得意，在给女婿陶桄的信中说，张制军（总督亦称制军）将军谋一切，专委于我，又各州县公事禀启，皆我一手批答。他对此也很感激："制军待我至诚，事无巨细，尽委于我，此最难得。近时督抚，谁能如此！"

1853年9月，张亮基调任山东巡抚，10月赴山东就任。左宗棠不愿随往，便辞归湖南，结束了幕鄂生涯。

左宗棠随张亮基在湘幕和鄂幕的时间只有一年，但这却是他出山后初显身手的第一年。由于得到张亮基的信任，他在幕府期间，参与甚至主持了诸多军事和民政事务，才能得以施展，并且积累了经验，增加了阅历和信心。需要指出的是，他没有随张亮基去山东，这个选择极为明智。因为，张亮基到山东后不久，就因钦差大臣胜保的弹劾而被革职，发往军台效力（后又复起，1858年任云贵总督，1865年又被弹劾革职）。若左宗棠跟张去了山东，在张被革职后，他只能灰溜溜地回到湖南，那以后的发展就很难预料。左宗棠的根基和人脉资源都在两湖，他不会为一个幕僚的身份去一个陌生的地方冒险，这正反映出他的精明之处。

二、内清四境，外援五省

左宗棠辞幕归湘后，又回到湘阴东山白水洞。在此期间，他谢绝了安徽巡抚江忠源、湘军统帅曾国藩的礼聘，在山中隐居了五个多月。

此时，湖南巡抚骆秉章却再三邀请左宗棠出山。骆秉章，广东花县（今花都区）人，在张亮基之前曾任湖南巡抚，还署理过湖北巡抚，对左宗棠已有所了解。他1853年4月又重新署理湖南巡抚，9月实授。他上任之初，就多次派人入山敦请左宗棠，左因幕府生活过于紧张劳累，托词谢之。但到1854年春，左宗棠的态度发生了转变，决定出山入骆秉章幕。这其中的缘故是，1854年3月，太平军占领湘阴，传说太平军准备入山搜捕左宗棠。左宗棠后来与友人的信中说，当时他在距县城五十里的山中躲藏，当太平军占据县城后，四处派兵搜捕，谣言四起，他从逃脱者口中得知，太平军将入白水洞，专门搜捕他。4月，太平军又围攻岳州（今岳阳），湖南形势再度告急。

而此时，骆秉章再次派人入山敦促左宗棠入幕。左意识到若湖南不保，自己也无法幸免，于是决定再度出山，开始了第二次幕湘生涯。

关于左宗棠这次入幕的原因还有另一种说法。骆秉章后来回忆说，当时左宗棠已自武昌回到湘阴，屡次函请到省城帮办军务，皆不应。后来，左同其女婿陶桄到省城捐输（捐钱粮于官府），极力挽留，才答应入署襄帮。

左宗棠在骆秉章幕府长达六年。一开始，骆秉章对他未能尽信，一年以后，便完全放手给左宗棠干，自己但主画诺，来往文书也不复检校。左恃才傲物，敢于任事，遇事有认为不可者，必力陈之，骆也不以为忤。针对有些人嫉贤妒能，造谣调拨两人关系，说什么"幕友当权，捐班用命"，骆秉章则为左辩解说，左所办之事，都是本官裁决定夺而后施行的。甚至还有这样的传说：有一天，骆听见辕门外响炮，连忙问身边的人是何事？答曰：左师爷发军报折。骆点点头说，拿来我看看。左之专断由此可见一斑。因此，当时有人戏称左宗棠为"左都御史"。清例，巡抚兼都察院右副都御史，很显然，这个称呼的言外之意是，湖南巡抚骆秉璋不过是个右副都御史，左权力尚在其上。王闿运在《湘军志》中评论说："巡抚专听左宗棠，宗棠以此权重，司道、州县承风如不及矣"；"骆秉章委事左宗棠，湖南诸将伺宗棠喜怒为轻重。"诸如此类记载左宗棠专权的文字还有很多。

左宗棠在骆幕期间，正是清政府与太平天国生死决战的关键时刻。湖南地处长江中游，既是湘军和太平军的主要战场之一，也是附近几省对抗太平军的主要粮饷和兵源输出地，是清政府镇压太平天国的后方基地。若湖南有失，出省作战的湘军必受牵连，后方基地动摇，全局不堪设想。因此，湖南一省的得失关系到清政府镇压太平军的成败。左宗棠在骆幕时间较长，又得到骆的高度信任，直接参与决策，甚至专断而行，故才能得以施展，取得了巨大的成功。他自己的评价是："自军兴以来，内顾疆圉，外救邻封。"后人对他的评价"外援五省，内清四境"，确是实情。

所谓"内清四境"指的是他协助骆秉章极力抵御入境的太平军，残酷镇压境内的农民起义，从而使湖南成为清政府镇压太平天国的巩固基地。1854 年 4 月 8 日，太平军再次攻占岳州，4 月 24 日，攻占湘潭。曾国藩在长沙召集湘军将领讨论用兵方略，大都认为应先进攻靖江，直接迎击太平军，只有左宗棠主张援救湘潭。曾国藩采纳了左宗棠的意见，派塔齐布率陆军四千人、杨载福和彭玉麟率水师五营驰往湘潭，但他自己却亲率战船四十只、兵丁八百人北攻靖港。4 月 28 日，靖港之役大败，曾国藩率残部退回长沙。船经铜官时，曾羞愤难当，竟欲投水自尽，被部下救起。到长沙后，左宗棠到船上看望，发现曾国藩十分狼狈，气息微弱，衣服上还残留有泥沙痕迹，于是劝慰说："事尚可为，速死非义。"曾国藩双眼圆睁，一语不发，只在纸上写明所存炮械、火药、丸弹、军械的数目，让左宗棠代为点检。恰在此时，湘潭大捷的消息传来，太平军在遭受重创后被迫北撤，曾国藩精神为之一振，重又鼓起了对抗太平军的勇气。

1859 年 3 月，石达开率部由江西大举入湘，连下宜章、郴州、桂阳等州县，湖南再次震动。骆秉章将战事委之左宗棠，左调兵遣将，一月之内成军四万，防守得以稳固。5 月，太平军围攻宝庆（今邵阳），胡林翼从湖北遣李续宜率五千人回湘救援。左宗棠根据实际形势，主张由北路突破，经过激烈争论，最终确定从宝庆北面的新化进兵。经过激战，太平军在伤亡万余人后被迫撤围南下，宝庆解围。总之，在左宗棠第二次幕湘期间，太平军虽多次进攻湖南，也曾一度占领过部分地区，但始终未能在湖南立足，湖南作为湘军的后方基地始终没有动摇，这与左宗棠居中调度、从容应对大有关系。

　　所谓"外援五省"指的是左宗棠在固守湖南、大力支援曾国藩率湘军东征外，还派兵援助湖南周边的湖北、江西、广西、广东、贵州等省，特别是对江西的援助更关系全局。太平天国定都南京后，江西成为太平军和清军争夺的主要战场之一。1855年11月，太平天国西征军连克瑞州、临江、袁州，进围吉安，江西形势十分危急。左宗棠对骆秉章说，江西若有闪失，则江苏、浙江、福建、广东皆为太平军所有，而湖南亦危，东南大局不可问矣。以时局而论，没有比援救江西更紧迫的了。于是，湖南决定大举援赣。清政府仅令湖南拨兵勇二千人赴援，左宗棠认为恐难取胜，令增募兵勇至五千人。1856年3月，援赣大军在刘长佑、萧启江率领下，分别由醴陵、浏阳进入江西的萍乡、万载，以后又数次增援。直到1858年9月，攻取太平军在江西的最后一个据点吉安。在此过程中，左宗棠出力甚大，王闿运甚至认为，左宗棠援助江西的功劳胜过曾国藩。由此可见，湖南在清政府镇压太平天国起义中所起的重要作用，这其中离不开左宗棠的策划和运筹。

　　自1852年10月进入张亮基幕，至1860年1月离开骆秉章幕，左宗棠的幕府生涯历时八年。这八年，是太平天国势力迅猛发展、并由盛转衰的八年，是清政府摇摇欲坠、苦苦支撑的八年，也是左宗棠初试锋芒、才能略显的八年。这八年间，左宗棠就身份而言，只是一介幕僚，但由于得到两任巡抚的高度信任，放手让他专断，他几乎发挥着一省最高行政长官的作用，他也不无得意地自夸："八年戎幕坐啸。"这八年对他以后事业的发展极为关键，以至于有人认为他"生平功业，权舆于此"。

三、如有不法情事，就地正法

左宗棠在 1860 年 1 月离开骆秉章幕，并非是出于自愿，而是与一桩案子有关。这桩案子因骆秉章弹劾下属而起，结果却差一点要了左宗棠的命。左也因此案被迫离开骆幕，人生的轨迹发生了一次大变化。

此案是由湖南巡抚骆秉章弹劾湖南永州镇总兵樊燮而起。樊燮，湖北恩施人，1856 年 9 月起任湖南永州镇总兵，在职数年，声名恶劣，同城文武员弁兵丁多有怨恨。但是，在 1858 年秋，湖广总督官文却将他奏请升为署湖南提督，并复奏云南临元镇总兵栗襄署理永州镇。同年冬，骆秉章在进京陛见时，上奏参劾樊燮，说他以武职大员违例乘坐肩舆，私设弁兵，而且冒领口粮，将私人用费从公项中开销，又在附片中指明栗襄难期胜任。清廷随即发布谕旨：樊燮着交部从严议处，即行开缺，栗襄着官文查明参奏。1859 年 4 月，骆秉章再次上奏参劾樊燮，说该员各劣迹均有实据，并有侵亏营饷重情，请求将樊燮拿问，以便提同人证，严审究办。清廷又发布谕旨，将樊燮即行拿问，交骆秉章严审。

面对骆秉章的一再弹劾，樊燮并未束手就擒，而是进行了反扑。他认为骆秉章参他都是左宗棠的主意，于是，他一面给湖广总督递禀，一面上呈都察院，控告在巡抚衙门中襄办军务的左宗棠，阴谋陷害。这样，案子就由原来的骆秉章参劾樊燮转变为樊燮控告左宗棠。与此同时，官文也亲自上奏参劾左宗棠。清廷很快发来谕旨，令官文与湖北正考官钱宝青查办左宗棠，并有密旨称："左某如果有不法情事，即行就地正法。"在此情况下，左宗棠"忧馋畏讥"，不得不离开骆秉章幕府，结束了八年的幕府生涯。

樊燮在自己受到弹劾革职后之所以把矛头指向左宗棠，这既与左宗棠平时在幕府中大权独揽、专横跋扈有关，更因为他与左宗棠本来就有私怨。据清末有关笔记记载，左宗棠以举人身份入骆秉章幕，事无大小，专决不顾。有一日，樊燮前来见巡抚，骆让左宗棠出来共谈。因意见不合，左竟起身扇樊燮面颊。樊燮不堪其辱，遂有控告之事。还有一说是，樊燮拜见骆秉章，骆令其拜见左宗棠。樊见左后，未请安，左厉声喝道：武官见我，无论大小，皆要请安，你为何不请？樊燮答道：朝廷体制，未定武官见师爷请安之例。武官虽轻，我也是朝廷二三品大员。左更加恼怒，起身欲用脚踹樊燮，口中骂道：王八蛋，滚出去！樊燮恨恨而出。

因为有以上过节，樊燮在被参革职后，对左宗棠怀恨在心，于是便向湖广总督官文和都察院控告。其实，这里面还有更深的原因，那就是晚清官场中的满汉矛盾。本来，在太平天国起义之前，满人在官场上的地位绝对压过汉人。但在镇压太平天国的过程中，汉族官员的势力开始崛起，满汉官员之间的矛盾开始激化。这种矛盾，在湖南主要是骆秉章、左宗棠与布政使文格（满人）之间的不合；在两湖，主要是湖广总督官文（满人）对骆秉章任用属员的不满。左宗棠在骆秉章的纵容下不知自敛，专断独行，更使他成为满族官员的眼中钉。樊燮敢于向左宗棠甚至骆秉章叫板，背后就有布政使文格和官文的支持。他们手中的武器是清朝制定的《钦定六部处分则例》，这其中就规定：官员纵容幕宾出署结交者，照纵容亲友招摇例革职；督抚于幕友，不得任其出署，往来交结，若不遵功令致被参劾，或因事败露，将纵容之督抚治罪。很显然，若左宗棠被控得逞，骆秉章也难逃干系，此案的阴险就在于此。

在左宗棠面临生命危险时，他以前积蓄的人脉资源和当时清政府与太平天国决战的严峻形势帮了他大忙。清廷令官文、钱宝青查办左宗棠的消息，最早是由当时的权臣、户部尚书肃顺透露给其幕宾高心夔的，高即刻转告在肃顺家教读的湖南湘潭人王闿运，王又转告时任翰林院编修的郭嵩焘。郭嵩焘与左宗棠是同乡，关系密切，他闻讯后大惊，急忙让王闿运求救于肃顺。肃顺表示，必待内外臣工有人上奏保荐，我才好说话。而此时郭嵩焘与潘祖荫同值南书房，于是力请潘上疏保荐左宗棠。1860年初，潘祖荫在奏疏中将左宗棠大加称赞一番，说湖南一军，立功本省，援应江西、湖北、广西、贵州，所向克捷。表面上是骆秉章调度有方，实际上由左宗棠运筹决胜。这份奏疏中还特别强调，国家不可一日无湖南，而湖南不可一日无宗棠。宗棠本是一介在籍举人，其去留无足轻重，而与湖南全局关系尤大。他简直把左宗棠视为挽救大清王朝的中流砥柱。

与此同时，骆秉章、胡林翼也在积极活动，营救左宗棠。骆秉章在得知查办左宗棠的消息后，很快将樊燮案中有关的账簿、公禀、供词等件，咨送军机处备查，以证明樊燮乃挟私妄控。胡林翼与左宗棠关系最密，更要拼死相救。他当时任湖北巡抚，与官文同在武昌做官，他平时善于逢迎，与官文相处不错。他极力向官文求情，说自己与左宗棠是私亲，自幼相处，左脾气不好，我也无可奈何。如果此案有牵涉左生之处，敬求中堂老兄格外垂念，免提左生之名。这几乎是在哀求官文了。胡林翼还上奏朝廷极力保荐左宗棠，建议让左在湖南募兵六千，以救江西、浙江、皖南。官文与左宗棠并无私怨，并且也知道朝廷欲用左宗棠，因此，也就顺个人情，不再追究，具奏结案。轰动一时的樊燮控左宗棠案至此不了了之。

樊燮京控案是左宗棠仕途生涯中的惊险一幕。他最终不但化险为夷，而且因祸得福，在稍受惊吓后，就否极泰来，一飞冲天。樊燮京控案对左宗棠以后事业的发展至少有两点关键性的影响：一、因被人控告，他不得不离开骆幕，在走投无路之际又见生机。如果没有这个案子，左也许还会在骆幕干下去，因为他在幕府中专横独断，得心应手，岂肯轻易撒手？但幕僚说到底只是督抚聘请的私人秘书，不是朝廷命官，除非有朝廷重用的幕主的保举（如曾国藩保举李鸿章），否则，幕僚难有出头之日。樊燮案打破了左宗棠在骆幕中为所欲为的陶醉生活，也就为他重新选择出路提供了机会。二、樊燮京控案来势凶猛，一下子把左宗棠抛到了风口浪尖上，他一时间成为皇上和朝臣关注的焦点人物，这极大地扩大了他的知名度，这样的人物若不被杀，定会受重用。当时正是朝廷用人之际，像左宗棠这样既有能力又有经验的军事人才，清廷正求之不得，岂肯妄杀！所以，经过这个案子后，左宗棠的崛起是必然的。看看他此后三年的飞跃：1860 年 6 月奉旨襄办曾国藩军务，此后很快由襄办升为帮办，再升为督办浙江军务；1862 年 1 月即补授浙江巡抚；1863 年 5 月更是补授闽浙总督。不到三年的时间，就来了个咸鱼大翻身，由一个落魄的幕僚跻身于封疆大吏行列，这不能不令人发出"祸兮福所倚"的感慨！

再回过头看看樊燮，此人也不简单。他虽在这个案子中是一个小丑形象，但他革职回乡后的举动颇令人吃惊。据刘禺生的《世载堂杂忆》记载，樊燮革职后回到老家湖北恩施，在城内梓潼街买地建楼。楼房建成后，他设宴召集父老，酒酣耳热之际，他当众表态：左宗棠不过是一个举人，既辱我身，又夺我官，而且波及我先人，视武人若犬马。我的楼房已建成，以后聘请名师，教我的两个儿子读书，为我雪耻，不中举人、进士，点翰林，无以见先人于地下。于是，他以重金礼聘名师，以楼房为书房，除师生三人外，别人不准上楼。每日给先生做的饭菜，他都亲自检点，若某样菜先生未动筷，下次就换新样。两个儿子不准穿男装，都穿女人衣裤。他告诫儿子：考取秀才，脱去女外衣；中举人，脱去女内衣，这才与左宗棠相等；中进士，点翰林，则焚毁我所立的洗辱牌，告先人以无罪。原来，他革职回家后，将左宗棠骂他的六个字"王八蛋，滚出去"刻在木板上，如同长生禄位牌一样，放在祖宗神龛下侧，每月朔望日率领两个儿子来礼拜，并发誓：不中举人以上功名，不去此牌，尔等总要高过左宗棠。直到他的儿子樊增祥（又名樊山）中了进士，才去掉此牌。樊燮的两个儿子很争气，大儿子樊增祹学问切实，得到湖广总督张之洞的赏识，可惜死得太早。二儿子樊增祥，光绪朝进士，选庶吉士，后任陕西布政使。左宗棠专祠建于西安，巡抚委托他致祭，拒不答应，说宁愿违命，不愿获罪于先人。此人后来又任江宁布政使，护理两江总督。民国后，闭户著述，不问世事，终成民国著名诗人和学者。樊燮以如此方式誓雪左宗棠羞辱之耻，令人可笑亦复可敬。

第 3 章

尽平生之心，轰烈做一场

1860 年 6 月 9 日，清廷发布谕旨，命左宗棠以四品京堂候补，随同两江总督曾国藩襄办军务，26 日，左宗棠接到谕旨，即着手募练"楚军"。9 月底开往江西，走上了与太平天国血战的第一线。

一、求一营官以自效

左宗棠何以能在樊燮京控案刚了结之时，就以四品京堂候补的身份随同曾国藩襄办军务？这里面其实有诸多的铺垫和内情。

左宗棠在幕府八年，表面上看始终只是一介幕僚，其实，他因抵抗太平军和镇压当地的起义军有功，资格和身份都在不断发生变化。1853 年 2 月，因防守湖南有功，得旨以知县用，并加同知衔。同年 5 月，因平征义堂有功，得旨以同知直隶州用。1856 年 1 月，御史宗稷辰举荐人才，首列左宗棠，称其"不求荣利，迹甚微而功甚伟。若使独当一面，必不下于胡林翼诸人"。清廷命湖南巡抚出具切实考语，送部引见。同年2月，曾国藩奏叙左宗棠接济军饷有功，奉旨以兵部郎中用，并赏戴花翎。8月，胡林翼又举荐左宗棠才学过人。1857年6月，清廷发布上谕称，左宗棠能否帮办曾国藩军务，着骆秉章据实陈奏。骆以湖南军务未了为由，将左宗棠留下。1858年10月，骆秉章奏保左宗棠，诏赏加四品卿衔。

更为重要的是，咸丰皇帝对左宗棠越来越感兴趣，而皇帝身边又有人不断为左宗棠说好话。1859年1月，咸丰帝召见郭嵩焘，详细询问左宗棠的情况，郭在对答中极力推荐左宗棠。据《郭嵩焘日记》记载，当时皇上问：你可认识左宗棠？郭答：自小就相识。皇上问：自然有书信来往？郭答：有书信来往。皇上说：你寄信给左宗棠，可以把我的意思告诉他，让他出来为我办事。左宗棠所以不肯出，系何缘故？想必是功名心淡。郭说：左宗棠自度赋性刚直，不能与世合，所以不肯出。骆秉章办事认真，与左宗棠性情契合，彼此不能相离。皇上问：左宗棠才干如何？郭答：左宗棠才能大，无不了之事，人品尤端正，所以人皆服他。皇上问：年纪多大？郭答：四十七岁。皇上说：再过两年就五十岁了，精力衰矣！趁此时人尚强健，可以出来办事，不要糟蹋自己，你要好好劝劝他。郭说：臣也曾劝过他，他只觉得自己性情太刚，难与时合。在湖南也是办军务，现在广西、贵州两省防剿，筹兵筹饷，多是左宗棠之功。皇上问：左宗棠还想会试？郭答：有此想法。皇上说：左宗棠何必以科名为重！文章报国与建功立业，所得孰多？他有如此才能，还是出来办事为好。郭答：左宗棠为人是豪杰，每谈及天下事，感激奋发。皇上如果用他，他也断无不出之理。

左宗棠对科举的感情真是又恨又爱。他离开骆幕后，走投无路，竟想再走科举之路。1860年2月19日，他由长沙启程北上，准备参加当年的"恩科"会试。到襄阳后，收到胡林翼的密信，告诉他北面网罗四布，官文正在构思陷害之策，谣言已传至京城，劝他不要北上。左宗棠得信，顿感心寒和绝望。他考虑到假如有人要害自己，山北山南，网罗密布，即便隐匿深山，也难逃被捉。经过一番苦心的考虑，他决定投身军营，拼杀疆场，这样既能避祸，又能立功，不失为起死回生的一搏。他在给好友郭昆焘的信中说，京城既不能去，家乡也不能待。不得已，只能沿江而下，入曾国藩营中暂且栖身，求一营官杀贼自效。有幸取胜，并受其福，否则战死疆场，求吾死所。他在给李续宜的信中更写道："八年戎幕坐啸，未克亲履行间，实为阙事。欲借此自励，少解白面之嘲。"看来左宗棠不再满足于做一个光动嘴皮子的白面书生，他要亲上战场与对手面对面"亮剑"。

正当左宗棠为生路自贬身价之时，机会来了。1860年5月21日，清廷传谕曾国藩：应否令左宗棠仍在湖南本地襄办团练等事，抑或调赴该侍郎军营，酌量办理。6月2日，曾国藩复奏说：左宗棠刚明耐苦，晓畅兵机，当此需才孔亟之际，或饬令办理湖南团防，或简用藩、臬等官，予以地方，俾得安心任事，必能感激图报，有裨时局。在这里，曾国藩并未明言让左宗棠襄办军务，而只是建议朝廷让左宗棠继续在湖南办团练，或任布政使、按察使等地方官。6月9日，清廷发布谕旨，命左宗棠以四品京堂候补，随同曾国藩襄办军事。左宗棠的命运又一次发生了转变。

二、昼而跃马入阵，暮而治事达旦

当左宗棠得知朝廷命自己随同曾国藩襄办军务后，极为感激振奋。此时，曾国藩已任两江总督，驻扎皖南祁门，统率湘军进攻安庆，他函请左宗棠在湖南招募军队支援安徽。左宗棠回信表示——遵行，并在全局上向曾国藩提出两条建议：一是先以偏师保越（浙江），为图吴（江苏）之地；二是大力整顿江西兵事、饷事。此后，即着手选聘营官，制定营制，挑募营勇。

左宗棠在所知的湘勇、楚勇旧将弁中，先后选聘崔大光、李世颜、罗近秋、黄有功、戴国泰、黄少春、张志超、朱明亮、张声恒等九人，让他们招募营勇。营勇以朴实勇敢为标准，不必只限一地，其兵源来自长沙、湘乡、郴州、沅州、湘阴等地，命名为"楚军"。全军建制，分四营、四总哨和八队亲兵，约三千五百人，另有王鑫"老湘营"旧部一千四百人，总计五千人。全军以左宗棠为统帅，由王鑫之堂弟王开化总理营务，刘典、杨昌濬副之，并以王鑫的另一个弟弟王开琳统领老湘营。

楚军虽也是湘军的一支，但却是独立于曾国藩湘军的另一支湖南部队。在招募营勇方面，楚军不像湘军那样限于一地，这一方面是因为一县兵勇难供数省之用，另一方面为了避免一处有挫，士气均衰的弊端。在营官的选用方面，曾国藩以儒生领军，左宗棠则强调营官多用武人，只取其能拼命打仗这一点。结果，楚军的战斗力较强，而且完全听命于左的指挥，但因营官文化低，功名浅，难以跻身督抚行列，在政治势力上不如曾国藩的湘军。

在左宗棠组建训练完军队，正准备出征之际，情况又有了变化。此时，太平天国翼王石达开所部太平军由广西北上贵州，并已进入四川。清廷拟派左宗棠入川督办四川军务，征询曾国藩、胡林翼等人的意见。曾、胡将谕旨转告了左宗棠，他们以为，左宗棠会选择去四川，因为左在曾国藩营中只是襄办军务，而去四川则有督办之名。但左宗棠权衡利弊，宁愿随曾国藩东征，而不愿入川。他在给胡林翼的信中说，弟奉命襄办曾帅军务，募勇五千赴皖，所募之人均知为东征，若改赴蜀中，又多一番周折。并且，自己刚开始带兵打仗，就如同乡下的富人弃农学做生意，起手即开大店，生意虽是好做，恐不免折本亏损，更何敢独入蜀中，仰鼻息于他人。至于襄与督虽同有事而无权，而能办与不能办实不争此一字之轻重，并表示："我志在平吴，不在入蜀矣。"左宗棠不愿去四川，曾国藩正求之不得，他立即与胡林翼联名上奏朝廷，请求仍令左宗棠来皖襄助。清政府接受了曾国藩的建议，改派骆秉章督办四川军务，左宗棠仍襄助曾国藩。

左宗棠真不愧是极其聪明之人，他的这个选择事后看来极为正确。其理由在于：一、四川当时局势十分混乱，吏治、军政、人心全靠不住，内有起义军和土匪活动，外有太平军的进攻。左宗棠资望既浅，事权不属，想凭数千兵力，平定四川，用他自己的话来说，就是"何异以寸胶而救黄河之浊乎"？左宗棠平时似乎很狂，但办起事来却极为谨慎，不会不自量力地去冒险。二、而此时的曾国藩刚被朝廷任命为两江总督，所有大江南北水陆各军皆归其节制，镇压太平天国的成败系于一身，左宗棠与曾国藩私交不错，在其手下襄办军务自然是大树底下好乘凉，何愁没有出头之日？李鸿章后来不就是靠曾国藩的保举由幕僚一跃成为巡抚的吗？再者，当时长江中下游的皖苏赣浙一带是清军与太平军鏖战的主战场，建功立业的机会在此，湘军的主力在此，左宗棠的人脉资源也在此，他有把握在这一带发挥自己的才能，干出一番事业。事后证明，左宗棠不贪虚名，毅然东进的选择是明智的，对他以后事业的发展极为关键。

1860年9月22日，左宗棠率楚军从长沙出发，经醴陵进入江西，10月10日到南昌，11月2日到达景德镇，开始了在赣北皖南阻击太平军的军事行动。这是他第一次带兵出省作战，他极为重视和兴奋，在家书中对儿子说："我此去要尽平生之心，轰烈做一场，未知能遂其志否？"

左宗棠为何要驻扎在景德镇？他在赣北皖南的军事行动对整个战局有何影响？这需要具体分析湘军和太平军双方的攻守态势。当时曾国藩统帅的湘军正围攻太平天国在江北的重要基地安庆，安庆若失，太平天国在安徽的根据地就会瓦解，首都天京（今南京）就失去了西面的屏障，这直接关系到太平天国的生死存亡。因此，太平天国集中重兵死保安庆，双方在此展开数月的激战。为解安庆之围，太平天国采取了先东下再西取的战略方针。1860年5月，太平军开始东征，忠王李秀成率军连下丹阳、常州、无锡、苏州、嘉兴、太仓、常熟、松江等地，并进攻上海，建立了以苏州为首府的苏福省，开辟了苏南根据地。与此同时，英王陈玉成率军从江苏宜兴进入浙江，攻克临安、余杭等地，逼近省城杭州。清廷急命曾国藩救援浙江，但曾国藩不为所动，死攻安庆不放。太平军东征虽取得重大胜利，但安庆之围始终未解，于是，又决定进行西征，计划分南北两路沿长江西进，会师武昌，逼湘军回援武昌而放弃对安庆的围攻。结果，英王陈玉成所率北路军行动坚决，进军顺利，很快逼近武昌，但忠王李秀成、侍王李世贤、辅王杨辅清、定南主将黄文金等所率的南路军在皖南赣北却遭到湘军顽强的抵抗，这支湘军就是左宗棠刚刚组建的楚军。

曾国藩为了在皖南阻止太平军由浙、赣进援安庆，确保长江以北的湘军全力进攻安庆，竟不顾众人劝说，将大营安在祁门。祁门属徽州府，南面与江西的景德镇、乐平、德兴为邻。湘军在南昌设立总粮台，军需物质均经景德镇转运至祁门大营，因此，景德镇作为祁门的后路及南昌与祁门运输的通道，位置十分重要。1860 年 9 ~ 10 月间，李世贤、杨辅清等部太平军相继攻占皖南的宁国、绩溪、徽州、休宁等地，在祁门东线直逼曾国藩大营。12 月 1 日，太平军又攻占了距祁门仅六十里的黟县。此时，曾国藩的祁门大营非常空虚，仅有兵力三千人，如李秀成继续进攻，有望攻破大营，活捉曾国藩。曾国藩也自认难保，写好遗书，坐以待毙。但李秀成不知曾国藩的虚实，却在黟县调转进攻方向，南下改道浙江进入江西。曾国藩大难不死，躲过一劫。但此时，祁门的东、西、北三面都被太平军围困。12 月 15 日，太平军攻占建德（今东至），切断了祁门大营与围困安庆的湘军的联系。这样，祁门大营只剩下南面景德镇这唯一的出气口了。

左宗棠率军进驻景德镇后，主动出击，于 12 月 12 日、14 日，先后攻占德兴和婺源，25 日，进占浮梁，以确保祁门后路。1861 年 1 月 5 日，又在景德镇击退太平军的五路进攻。曾国藩上奏为左宗棠请功，称其"初立新军，骤当大敌，昼而跃马入阵，暮而治事达旦，实属勤劳异常"。1 月 27 日，清廷发布谕旨，着左宗棠以三品京堂候补。

此后，曾国藩调派湘军大将鲍超由皖南赴赣北，增援楚军。湘军与太平军在皖南赣北的战事处于胶着状态，双方各有得失，湘军略占上风。4月9日，李世贤率太平军向景德镇发起猛攻，攻克景德镇，左宗棠不得不退守乐平，曾国藩的祁门大营也陷于绝境。

1861年4月21日，李世贤率军向乐平发起进攻。当时太平军号称十万，而左宗棠的军队只有五千余人，实力相差悬殊。但左军凭深壕高垒坚守，伺机反攻，又引长畈水塞堰，限制太平军的骑兵行动。22日，双方展开激战，互有伤亡。23日，左宗棠督率王开化、刘典、王开琳等三路越壕而出，开始反攻。当时正值狂风大雨，畈水骤涨，太平军仓皇迎战，大败狂奔，人马自相践踏，被杀及溺死者达五千人。李世贤被迫东撤，由赣北进入浙西。左宗棠率军乘胜追击，收复景德镇，由德兴直入广信（今上饶），祁门后路得以肃清。乐平大捷，稳定了赣北的局势，巩固了曾国藩祁门大营的后路，使得曾国藩能从容拔营移驻东流，增援安庆。曾国藩又上奏称赞左宗棠："以数千新集之众，破十倍凶悍之贼，因地利以审敌情，蓄机势以作士气，实属深明将略，度越时贤。"恳请朝廷将左宗棠襄办军务改为帮办军务。5月26日，清廷发布谕旨，命候补三品京堂左宗棠帮办两江总督曾国藩军务。6月，又授太常侍卿。

三、浙江之平关系东南大局

1861年11月20日，清廷谕令左宗棠督办浙江军务。12月26日，曾国藩向朝廷密奏，请简左宗棠为浙江巡抚。1862年1

月 24 日，清廷命左宗棠补授浙江巡抚。此后三年间，左宗棠统帅大军转战浙江，最终取得平浙胜利。

安庆失陷后，太平天国在天京以西的根据地逐渐丧失殆尽。之后，李秀成在经营苏南的同时，把进攻的重点放在了浙江。1861 年 9~10 月间，李世贤率部先后攻占金华、义乌、严州（今建德）等地，控制浙中地区。李秀成率部攻克临安、余杭等地，12 月 29 日攻破杭州，这样浙江大部分地区已被太平军占领。

当时，清政府仅控制浙江的衢州、温州、湖州三府及边远少数县城。湖州因紧邻太平天国的苏福省，存亡未卜，温州又偏处海隅，鞭长莫及。因此，衢州就成了左宗棠收复浙江的唯一进军基地，清政府也令左宗棠迅速进驻衢州，收复金华、严州，然后攻取杭州。但娴熟兵略的左宗棠却认为，浙江大部分已被太平军占领，浙西的衢州已成孤注之势，一旦进城，后路将被切断，陷于太平军的包围之中。他因此向朝廷建议，由婺源进入浙江，先剿开化之敌，稳定徽州后路，然后率军渐进，保广信而固衢州，得到朝廷许可。

1862 年 2 月，左宗棠率军攻占开化，3 月，攻克遂安。此后，左宗棠与李世贤在衢州一带相持五个多月，因兵力不足，进攻受挫。8 月以后，援军陆续到达，特别是 9 月 29 日，蒋益澧率所部八千人抵达衢州，使左宗棠的兵力剧增至二万六七千人，他决定把太平军在浙中的中心金华作为进攻重点。

此时，浙江战场形势也在发生着变化。英、法侵略军与清军一起，先后攻占浙东的宁波、奉化、慈溪等地。之后，由英国军官指挥的"常安军"和"定胜军"，由法国军官指挥的"常捷军"，直接参加进攻太平军的战斗，占据浙东大片地区。

8月14日，清军又攻克位于金华南面的处州（今丽水），使金华失去了南面的屏障。

1862年10月，左宗棠开始部署对金华的进攻。他命蒋益澧、刘典、高连陞在北、西、东三面猛攻汤溪，以打破金华与汤溪等地的掎角之势。汤溪太平军顽强抵抗，双方相持不下。但此时由于曾国荃的湘军正猛攻天京，李世贤奉洪秀全之命，率领七万太平军从浙江赶赴江苏增援。李世贤率军离浙，使金华一带太平军与湘军的力量对比发生了变化，太平军失去了优势。

左宗棠及时调整部署，集中兵力加紧对龙溪、汤溪、兰溪的进攻。他认为，龙溪、汤溪两城为金华要道，必两城下、后路清，才可攻下金华；兰溪一水直达严州，必兰溪下、饷道通而后可攻严州。1863年1月1日，左宗棠所部攻下严州，金华北面的屏障也已失去。由于驻守汤溪的太平军内部叛变，湘军于2月28日攻陷汤溪。第二天，太平军又被迫从龙溪、兰溪撤离。第三天，金华守军不战而逃。左宗棠在三天之内，收复四城，大喜过望。之后，由于太平军纷纷撤离，左宗棠不战而收复了金华以东的武义、永康、东阳、义乌、浦江、诸暨等六座县城。3月15日，清军伙同常捷军又攻占绍兴。左宗棠乘机攻占杭州上游的桐庐，直逼富阳。5月5日，清廷授左宗棠为闽浙总督，兼署浙江巡抚。

1863年9月20日，左宗棠所部在常捷军的配合下，攻占富阳。接着，左宗棠命蒋益澧部湘军进攻杭州，杨昌濬部楚军会同康国器部粤军进攻余杭。杭州与余杭的太平军分别在听王陈炳文、康王汪海洋的率领下顽强抵抗。1864年3月31日，湘军攻陷杭州、余杭。清廷诏赏左宗棠加太子少保衔，并赏穿黄马褂。7 月 19 日，天京陷落。8 月 28 日，湖州陷落。次日，湘军又攻占太平军在浙江的最后一个据点安吉，全浙平定。清廷封左宗棠为一等伯爵，赐爵名"恪靖"。

天京、杭州陷落后，太平军余部在突出重围后，经皖浙赣边界，进入福建和广东。1864 年 11 月，左宗棠奉命由浙入闽，开始在福建、广东追剿太平军余部，直到 1866 年 2 月，攻占广东嘉应城，才最终将江南太平军余部彻底消灭。

左宗棠自 1852 年 10 月入张亮基幕，至 1866 年 2 月剿灭太平军余部止，与太平天国对抗了十四年。左宗棠在镇压太平天国起义中所起的作用有四点：一、幕府八年，居中运筹，内清四境，外援五省，为湘军在省外作战提供兵员和军饷，使湖南成为清政府镇压太平天国的主要基地。二、组建楚军，襄助曾国藩军务，转战赣北、皖南，固守祁门后路，使曾国藩得以坐镇祁门，指挥湘军进攻安庆。可以设想，如果没有左宗棠这支楚军苦守景德镇一线，祁门一旦四面被围，湘军为救主帅必然会回师救援，围攻安庆的战略部署就会半途而废，这对整个战局都会产生重大影响。因此，左宗棠所率楚军虽兵力不多，偏处一隅，其战略地位却相当重要，难怪曾国藩不断上奏，请求朝廷嘉奖左宗棠。三、在浙江战场上，左宗棠根据当时浙江全省糜烂的严峻形势，没有听从朝廷让其进驻衢州的谕令，而是采取了"宁肯缓进，断不轻退""一经收复，则必严密防守，务保无虞"等战略方针，节节攻剿，步步为营，以攻取金华为重点，在经历一番挫折后，最终利用兵力厚集、浙东收复、天京危机、太平军人心涣散之际，一举攻下金华及其附近州县，又乘势进攻，直逼杭州城下。左宗棠在浙江的战事，与曾国藩、曾国荃兄弟围攻天京，李鸿章用沪平吴，形成三方合力，使太平军东西南北不能兼顾，将帅疲于奔波，最终导致失败。由此可见，左宗棠统帅的楚军是镇压太平天国的主要力量之一。四、在天京、杭州失陷后，仍有二十余万太平军在福建、广东一带活动。左宗棠奉命在闽、粤对太平军余部进行最后的追剿，又用了两年时间，才最终把太平军余部全部扑灭。左宗棠的部下杨昌濬在评价左镇压太平天国的"功绩"时曾说："浙江之平固关系东南大局，而粤匪之平又惟左公实收其全功也。"

左宗棠为维护清朝的统治拼命卖力，清王朝也没有亏待他。在镇压太平天国的过程中，他的官位和权势也在不断地提升，由襄办到帮办再到督办，仅用三年时间就由一个四品京堂候补的虚职，升至正二品的闽浙总督，并封一等伯爵，其发迹之快，升迁之猛，堪与李鸿章相比（李鸿章1862年4月署江苏巡抚，1865年署两江总督）。左宗棠真正是用农民起义军的鲜血染红了自己的官顶子。当然，若就镇压太平天国的全局而言，曾国藩出力最大，李鸿章次之，左宗棠只能排第三。无论把这项军事活动看作"功"还是"罪"，皆应如此。

第 4 章

制造轮船为中国自强之策

左宗棠自出山以后，一生大部分戎马倥偬，驰骋疆场，但在军事活动的间隙，他又倡导和主持了若干建设事业，这其中最有成就、影响最大的就是福州船政局。正因为此项事业，左宗棠在中国近代史上不仅是一位娴于战法的军事家，而且还是一位力求变法的思想家和深谋远虑的政治家。

一、东南要务，以造轮船为先着

19 世纪 60 年代，面对西方列强的不断侵略和国内农民起义的巨大冲击，清朝内部崛起了一批主张向西方学习、实现富国强兵的洋务派，曾国藩、李鸿章、左宗棠就是其中的主要代表人物。在洋务派的倡导和推动下，清政府开始了长达三十余年的洋务运动。洋务运动虽然最终没有实现富国强兵的目标，但它毕竟迈开了中国近代工业化的第一步，在中国走向现代化的进程中具有起始和奠基意义。左宗棠的福州船政局就是在这种历史背景下倡导和建立起来的。

1866 年 5 月，时任闽浙总督的左宗棠在致总理衙门函中，针对英国驻华公使阿礼国要求清政府雇借外国轮船缉拿海盗的建议，对借船、雇船、买船、造船的利弊进行了详细的分析。他指出，向外国借用轮船，调遣不能自由，时间长短不能自主，即便缉获盗船，中间难免有需索酬之事，彼此若有计较，未免多一争端，万一出了意外，赔补更多争执。因此，借船虽可偶尔为之，究竟不是妥善便利之策。再看雇船，固然比借船方便，但火船工费最多，船主居为奇货，索价必然倍增，还必须说定年月，不能换成中国旗号，舵工水手不肯尽听中国管束，调停驾驶甚费周章。

　　左宗棠接着分析，购买外国船只则一切尚可自由，比借船、雇船省事，但买船也有几处困难：第一，外国人唯利是图，他们出售给中国的船只必定是旧的、坏的，或制作未能坚固者。未卖给中国之前，隐瞒不说，待成交之后，才开始扬言某件已坏，必须改造，才能适用。若按照他们所说的加以改造，则又在材料、用工方面任意勒索。他们以己之长傲我之短，以己之有傲我之无，我无可奈何。第二，船即买定，仍需雇用外人管理驾驶，既用外国人管驾，则另雇、更换均由不得我，不得不勉强将就以图相安。第三，轮船无一年半载不修之事，若修造则必须去外国所设之船厂、铁厂，估价兴工，外人又得居为奇货，我欲贱而彼故贵，我欲速而彼故迟。有此三难，则购买轮船又不如自造轮船最为妥善。当然自己设厂制造亦非易事，其中面临机器、技术、人才，以及经费、舆论等一系列困难。尽管如此，左宗棠最后仍认为，就局势而言，借不如雇，雇不如买，买不如自造。这正是他后来提议创建福州船政局的初衷。

1866年6月25日，左宗棠上《拟购机器雇洋匠试造轮船先陈大概情形折》，正式向清政府提出设厂造船的建议。这份奏折是左宗棠洋务思想的集中体现，也是中国近代史造船史、工业史上的重要文献。在此折一开始，他就强调，东南大利，在水不在陆。自广东、福建而浙江、江南、山东、直隶、盛京以至东北，大海环绕三面，江河以外，万水朝宗。无事之时，借此筹运漕粮，则千里犹如户庭；借此筹运货物，则百货汇集市场。有事之时，则借此调兵转运，不但巡洋缉盗有必设之防，而且用兵出奇有必争之道。更何况我国建都北京，天津、塘沽实为要镇，海防更具有特殊重要的意义。但自海上用兵以来，外国以船舰对我侵略，东南水利转成海害。在海防方面，外国火轮兵船直达天津，樊篱竟成虚设，来去迅捷，无法抵挡；在商业方面，自洋船载货行销各口，江浙大商不能减价以敌洋商，不光亏折资本，甚至歇业。如此下去，将会造成民生凋敝，富商变穷，海运无船。在此严峻形势下，左宗棠明确提出，欲防海之害而收其利，非整理水师不可；欲整理水师，非设局监造轮船不可。西方以巧取胜，中国也不能安于拙笨，西方以有相逼，中国也不能以无自傲。

设局自造轮船，自然比雇、买、代造困难，左宗棠对此也不讳言，他在这份奏折中详细列举了设局自造的七种困难，并一一提出破解之法。针对船厂择地之难，他提出福建海口罗星塔一带，开槽浚渠，水清土实，为粤、浙、苏所无，因此船厂固有其地也。针对购买机器之难，他指出先购机器一具，巨细毕具，觅雇西洋师匠与之俱来。以机器制造机器，积微成巨，化一成百。机器既备，成一船之轮机即成一船，成一船即练一船之兵。五年以后，成船稍多，就可以部署沿海各省，拱卫天津、塘沽。针对外国工匠难请难管、筹集巨款困难、成船后维持修造之难等，他也一一提出应对办法。

自造轮船属非常之举，耗资巨大，反对者自然不少，左宗棠认为这是意中必有之事。他又以俄罗斯、美国、日本为例，建议朝廷知难而进，学人之长，奋起直追，不落人后。他还通过中外对比，说明中国不能自甘落后：中外同以大海为利，彼有所挟，我独无之。譬如渡河，人操舟而我结筏；譬如使马，人跨骏而我骑驴，可乎？谓我之长不如外国，借外国导其先，可也；谓我之长不如外国，让外国擅其能，不可也。若怕花钱太多，则自道光十九年以来，所靡之费已难以数计。没有轮船，花费并不能节省，现在仿造轮船，正是为了节省他日之费。若轮船建成，则漕政兴，军政举，商民困纾，海关税旺，一时之费，数世之利也。

左宗棠的这份奏折，自问自答，将自造轮船所遇到的困难一一罗列，又一一化解，语词恳切，说理透彻，把造船的必要性、可能性、紧迫性都淋漓尽致地表达出来，反映出他作为一位爱国的政治家对世界局势的深刻认识和高瞻远瞩、知难而进的品格。

1866年7月14日，清廷发布上谕，批准了左宗棠设厂造船的请求。这对左宗棠是极大的鼓舞，但他对可能遇到的困难也非常清楚。由于设厂造船费用巨大，他又很快被调任陕甘总督，刚开始筹备的造船厂能否顺利开工颇成问题。为此，他除了抓紧时间进行开工前的准备外，还一再请求朝廷不要因惜费而敷衍，不可期以速效。他在致总理衙门的信中，指出不可惜费的三个理由：一、此次开局试造，要仿造的是外国的兵船，而不是外国的货船。船既求精，工料所需必然巨大。二、外国千百年之奇秘尽荟萃于轮船之中，因此，学造轮船，惟必求其精，求其备，而尽其所长，归之中国，相衍于无穷，非许以重资，无法得手。三、欲完全掌握其制造原理，非习其图书、算术不可。因此请于局内附设艺局，招收十余岁的聪俊子弟，请洋师教之，学成之后，督造有人，管驾有人，轮船之事，才能一了百了。这三项事从开始到结束，五年之中，需花费三百万两，可谓多矣，但若成功，则海防、海运、治水、转漕，一切岁需之费，所省无数，而内纾国计、利民生，外销异患、树强援，全在于此。

他在《船局创始之初未可期以速效片》中更强调"东南要务，以造轮船为先"，但未可期以速效，与其速而无成，何若迟而必效。创始之初，所费必巨，朝廷不宜过于刻核，若一一加以综核，则牵掣必多，甚至会导致功败垂成，更为可惜。由此可见，左宗棠对船政局开设后所面临的困难想得非常周到和全面，并预先向朝廷表明这是造船自强所必须付出的代价。事后证明，左宗棠的担忧并不是多余的，在他离开福州后，福州船政局就遭受多次波折，好在由于左宗棠的鼎力支持、后任的人及朝廷不愿半途而废才得以维持和发展。

二、欲尽其制造驾驶之术耳

在制造轮船的请求被朝廷批准后，左宗棠便邀请法国人日意格和德克碑来福州，具体制定建厂造船的计划。

首先是选定厂址，这项工作最容易。经过勘查，选定马尾作为福州船政局的建厂地址。马尾距福建省会福州东南二十公里，罗星塔北十五公里，是一块依山临水的小平地。闽江由此入海只有四十公里，江面宽阔，水流量大，万吨火轮可溯江而上，但从海口五虎门而上，沿途多岛屿滩头，形势险要。局厂设于马尾，前面临江，背面依山，有利于设防。日意格谈到在马尾设厂造船的好处时，列举了八条：一、福州海口多山，军事上易于设防；二、地方与省府很近，容易使高级官吏对船政发生兴趣，也容易得到他们的赞助；三、附近有海关，经费较易筹措；四、海口水位较深，火轮船容易进口；五、福州附近有铁矿，开发后厂中所需钢铁可以就近取给；六、台湾产煤，便于炼铁；七、福州生活水平低，工资较贱；八、左宗棠为闽浙总督，便于监督照顾。如果单从地理位置来看，选择马尾无疑是正确的，但谁曾料想，十八年后，中法战争爆发，作为敌对方的法国军舰竟在清政府的允许下，大摇大摆地开进马尾军港，最后发动突然袭击，瞬间将停泊在马尾军港的福建水师全部消灭，福州船政局也遭到破坏。由此可见，没有抵抗的决心和精心部署，再好的地形都抵挡不住外来的侵略。这不仅是福州船政局的悲剧，更是近代中国的奇耻大辱。

其次是筹集经费，这是建厂最大的困难。左宗棠估算，购买机器、保险、装运、洋员的薪水及往来盘算、盖造铁厂、船槽、船厂学堂及外国员匠公所住屋，并置办一切用器、购买地基等项费用，统计约需四十三万两。将来开厂之后，用费较省，每月牵算需四万两。由于开办之初，需款甚巨，闽省关税、厘税皆无可拨，因此，左宗棠向朝廷恳切表示，制造轮船为中国自强之策，无论如何为难，必须设法办理，请求朝廷准许从闽海关内四成结款项下动拨，得到允许。

再次是聘请洋员。左宗棠在拟定设厂造船计划时，十分重视引进外国机器设备和工程技术人员。据有关史料记载，他向法国购买轮机、机器设备、钢铁等件共重一千七百多吨，雇聘工程技术人员三十七名（实际到四十五名，一般保持在五十人左右），是当时中国引进设备和雇聘外国技术人员最多的一个企业。他聘请法国人日意格和德克碑为船厂正副监督，通过与洋员订立《合同规约》，明文规定船厂使用外国人监督和指导造船属于雇佣性质，其正副监督是由左宗棠"责成"其"承办"，他们是"荷蒙中国大宪饬委监督制造"。其他外国员匠由正副监督代船政局雇来，受到合同的约束。包括日意格在内的所有员匠受雇期为五年，如三年后中国员匠能监造驾驶，应听中国大宪酌量裁撤，期满无事，概不留用，如不受节制，随即撤令回国。这样做的结果，既给予了外国技术人员特别是两位监督必要的职权，又使船政局的大权始终牢牢掌握在中国人手中，这也是船政局筹建和早期经营比较顺利的重要原因之一。

左宗棠奏请设立福州船政局，还有一项创举就是附设一所船政学堂（当时称艺局）。他在给朝廷的密折中，对开办学堂的深远用意有明确的说明，他指出，仿造外国轮船，并非专为造船，欲尽其制造、驾驶之术耳；并非只求一二人能制造驾驶，而是欲广传其技术，使中国才艺日进，制造、驾驶技术辗转授受，传习无穷。因此，必须开办学堂，挑选少年颖悟子弟学习外国的语言、文字，读其书，通其学，而后西法可遍行于中国。

考虑到学堂初开，愿学者很少，左宗棠认为非优给月廪不能严课程，非量予登进不能示鼓舞。也就是说，为了吸引颖悟子弟来上学，必须给予优厚的待遇和前途。他为此制定了详细的《艺局章程》，其中就规定：各子弟饭食既由学堂供给，仍每名每月给银四两，以便养家；各子弟学成后，准以水师员弁擢用；各子弟学成监造者、船主者，即令作监工、作船主，每月薪水，照外国监工、船主银数发给。这些优厚的待遇，对那些聪明而又家贫的孩子很有吸引力，他们能一边上学，一边养家，学成后还能有一个很好的出路。左宗棠在造船经费十分紧张的情况下，始终把开办学堂放在与船厂同样重要的地位，不惜用优厚的待遇来吸引学生，其目的就是要利用造船之机，边造边学，既学习外国的技术，又培养自己的人才，最终实现船能自造、船能自驾的目标，从根本上摆脱对外国技术和人才的依赖。这种深谋远虑不但在当时是一个落后国家追赶先进国家的正确选择，即便放在今天，仍不失其积极意义。

三、身虽西行，心犹东注

正当左宗棠紧锣密鼓地筹备船政局之时，1866 年 9 月 25 日，清廷鉴于西北战事紧迫，调左宗棠任陕甘总督，迅即驰赴新任。这道上谕大出左宗棠意料之外，但圣命难违，他当即在谢恩折中表示，一旦经手诸事端绪粗具，即当卸篆起程。在这诸事之中最让他放心不下的无疑是刚刚开始筹建的福州船政局。

左宗棠在离闽赴陕之前，最紧迫的任务就是为福州船政局挑选一个合适的领导者，这是船政局能否继续筹办下去的关键。10 月 31 日，他在《请简派重臣接管轮船局务折》中，对这个问题作了明确具体的交代。在此折中，他首先向朝廷汇报了船政局的筹备进展情况，然后表示轮船一事，势在必行，岂可以去闽在迩，忽为搁置？他因此向朝廷请求在闽稍留两三旬，以便定下大局。他保举在藉丁忧的前江西巡抚沈葆桢接替自己，管理船务。更为重要的是，他请求朝廷特命沈葆桢总理船政，由部颁发关防，凡事涉船政，由其专奏请旨，以防牵制。为一船政局特设一船政大臣，使船政局事务不受地方官员的干涉，这是左宗棠苦心孤诣想出的一个高招，在清朝历史上是前所未有的。事后证明，正是有了船政大臣总理船政事务，福州船政局才没有被后继的闽浙总督撤销，艰难地得以建成和发展。

左宗棠之所以保举沈葆桢接替自己管理船务，是基于他对沈葆桢的了解。沈葆桢，字幼丹，福建侯官人，1847年进士，选庶吉士，后任翰林院编修。1854年任江南道监察御史。1855年入曾国藩幕料理营务，1856年改任广信知府，1862年由曾国藩力荐，任江西巡抚。沈葆桢与林则徐一家关系密切，他的母亲是林则徐的妹妹，他的妻子是林则徐的女儿。他在学业和道德上深受母亲影响，他幼时家中清贫，母亲在他五岁时就开始教他读书。他小时候胆子很小，夜里连猫叫都害怕，母亲便用传统的儒家道德来教导他，给他讲历代忠臣九死一生，百折不挠，最终成就事业的故事。母亲问他：你知道他们的胆子从哪儿来的吗？沈葆桢回答：他们天生胆大。母亲说：不对，因为他们做人做事都堂堂正正，心里想的都是如何孝敬父母、报效国家，所以胆子就大了。随后母亲又经常有意让沈葆桢独自往返阴森可怕的地方，时间一长，沈葆桢的胆子也就练大了。母亲为此很高兴，称赞儿子"孺子可教"。

1864年，沈葆桢因母亲病逝回原籍丁忧，在家不问政事。他一开始对接手船务并不热心，左宗棠再三登门拜访，他都以丁忧人员，不应与闻政事相推辞。左宗棠劝他说，总理船务究竟与服官不同，所履之地并非公署，所用之人也非官员，没有宴会应酬，可以不穿官服，公事交接可用函牍往返。而且，在原籍监造，不为夺情（丁忧未满，出来做官，称夺情），掌管船政正可以待养严亲，于忠孝之义两全无害。在左宗棠的一再劝说和朝廷的温谕勉慰下，沈葆桢终于同意接办船政，但表示必须待次年六月母丧服阕后始敢任事，在此之前，遇有咨奏事件，由周开锡、胡光墉详请督抚代为咨奏。不管怎么说，左宗棠终于把这位大孝子请出来了。

沈葆桢是福州人，早年受经世思想的影响，主张向西方学习，又担任过江西巡抚，无论从地缘、思想、经历来看，都是主持船政局的最佳人选。

左宗棠在劝说沈葆桢出任船政大臣的同时，还物色一批有洋务专长的人才作为沈葆桢的助手，一道来管理船务，其中最主要的有两位：一是署布政使周开锡，左保举他负责财务，一切经费，由其会商将军、督抚随时调取；二是胡光墉，即胡雪岩，左宗棠说他"才长心细，熟谙洋务，为船局断不可少之人，且为洋人所素信"。此外，还有盐运使衔广东补用道叶文澜、候选同知黄维煊、五品军功贝锦泉、福建候补布政使经历徐文渊、道员吴大廷等。沈葆桢接任后，大致按此推荐，组成了船政局管理机构，使船政局的筹备和建设得以顺利进行。

11月23日，左宗棠交卸闽浙总督印，即入营料理军事，准备西行。在离开福州前夕，他仍在为船政局的事日夜操劳，仅12月11日这一天，他就向朝廷上了九道奏折，其中有六道是关于船政局的奏折，包括《详议创设船政章程购器募匠教习折》《密陈船政机宜并拟艺局章程折》，并附上拟定好的《船政章程》和《艺局章程》呈请皇上批准。因船政局的一切保约、条议、合同、章程都是左宗棠核定的，为了取信于洋人，不因自己离开而生疑，也为了表示自己未尝置身于事外，他还向朝廷请求，此后船局遇有陈奏事件，仍由沈葆桢会臣后衔，以昭大信。

12月16日，左宗棠离开福州，起程赴陕。离闽之后，他仍放心不下福州船政局，他在给朋友的信中说，此次去闽后，仅留一周开锡支撑局面，此半年心血，恐遂变灭随风，我怎能放得下心。轮船一事，已奏请沈葆桢总理船政，得旨允行。日意格、德克碑尚能守约，以理与势论，可望有成。我毅然身任，不敢敛手。身虽西行，心犹东注。在君主专制的时代，一项事业的成败，往往是人存政举，人亡政息，左宗棠不能不为船政局的前途担忧，但他在离任前两个月内的精心安排，保证了船政局不因他的离去而夭折，这真是非常之人在非常之时办成的一件非常之事。

左宗棠西行后，他的担心很快变成了现实。新任闽浙总督吴棠到福州后，就借故参劾船政局要员周开锡、叶文澜、李庆霖等人，力反左宗棠所为，使船政局人人自危。左宗棠对此非常不满，并表示，若吴棠立意更张，他将不忍坐视刚刚扶起之局全被其搅坏，决心出力而争。他弹劾吴棠在福建专听劣员怂恿，处处反臣所为，以致船政局所用人员，无不纷纷求去，朝廷委派沈葆桢为船政大臣，自应由他专管具奏，旁人毋庸插手。他还对沈葆桢不顾风险、据理力争的行为大加称赞，并且希望沈能大功告成，堵住反对者之口。

1872年1月，内阁学士宋晋以闽省造船"名为远谋，实同虚耗"为由，向朝廷提出暂行停止造船，福州船政局又到了生死存亡的关口。清政府为了解具体情况，令福州将军兼署闽浙总督文煜奏明办理。文煜在随后的奏折中称，船政局原定制造十六艘轮船，以船厂开工之日算起，立限五年，经费不超过三百万两，现在已造好下水者六艘，开工者三艘，其拨解经费已达三百一十五万两，养船经费二十五万两，用款已超过原先预估。所造各号轮船虽均灵捷，但与外国兵船相比，尚多不及。应否即将船政局暂行停止，请旨遵行。很明显，从文煜的态度来看，他倾向于将船政局暂行停止，这对福州船政局来说无疑是雪上加霜。

由于此事重大，更关系到刚刚开始的洋务运动能否继续进行，清政府不敢轻易作出决定，于是下旨命李鸿章、左宗棠、沈葆桢通盘筹划，发表意见。1872 年 5 月 2 日，正在甘肃督办军务的左宗棠向朝廷上《复陈福建轮船局务不可停止折》，极力坚持自造轮船的大业不能停止。针对有人对船政局成效不大的指责，左宗棠指出，福州船政局自建成开工以来，至今已造过九艘轮船，为时不过三年，与原定计划相差不远。近来船式愈造愈精，各厂工匠踊跃精进，西洋师匠所能者均已学会，而学堂中的学生已通英法语言文字，对于泰西诸学，更容易研习，若宽以时日，加以鼓舞，以机器造机器，以华人学华人，以新法变新法，则制造、驾驶人才，将不可胜用。凡此种种，足以证明前功之有可睹，后效之必可期。针对费用超出预计的指责，左宗棠认为主要是由于规模扩大，工料、马力较原来的估计有所增加，又将创始各项工程经费一并计算造成的。在肯定成效和说明经费增加的原因后，左宗棠又从国家自强的高度指出，自造轮船为沿海断不容停止之举，为国家断不可少之事。若即行停止，不仅使外国永远得到购船、雇船的利益，而且使中国顿失自强的希望，削弱自身的实力而长仇人的志气，殊为失算。若为节省经费起见，现在停止制造，已经花费的三百余万两能追回吗？定金三十余万以及洋员、洋匠薪工能扣除吗？所谓节省费用又从何谈起？最后，他坚信轮船局务必可有成，有利无害，不可停止。左宗棠是福州船政局的创始人，此时又身为钦差大臣、陕甘总督，在西北肩负重任，他的这份奏折对清政府决定是否停止造船必定产生重要影响。

稍后，直隶总督李鸿章也在著名的《筹议制造轮船未可裁撤折》中，表达了和左宗棠相同的意见，他认为，国家诸费皆可省，唯养兵、设防、练习枪炮、制造兵轮船之费万不可省。若省则国无与立，终不得富强。左宗棠创设闽省轮船，曾国藩创设沪局轮船，皆为国家筹永远之计。该局至今已成不可弃置之势，若停止则前功尽弃，后效难图，而所费之款转成虚糜，令外人嗤笑，长仇寇志气。

由于左宗棠、李鸿章两位重臣极力反对停止造船，再加上福州船政局成效明显、投入经费已达数百万两，清政府权衡利弊，最终采纳了左、李的意见，没有让船政局停止造船。这不仅保住了福州船政局，也为中国的造船业保留了一线希望。左宗棠、李鸿章对此的贡献应予以充分肯定。

福州船政局自 1866 年 12 月动工兴建，全部工程在 1871 年完成，形成了一座拥有三十多个厂所，采用机器生产，设备齐全，技术先进，带有资本主义性质的近代官办造船企业。就造船成绩而言，它在创办至 1907 年暂时停办的四十余年间，共造船四十艘，内有兵轮三十二艘，商船八艘，其中木质船十九艘、铁胁船九艘、钢胁船十二艘。轮船的动力也由初期的八十至一百五十马力，发展到中期的一二千匹马力，后期的五六千匹马力。就船政学堂而言，从创办到停办期间，共培养造船和驾驶人才五百一十名，先后四次派学生八十八人去英、法、德等国学习造船、驾驶、矿冶、语言、法律，培养出一批掌握西方先进技术的高级人才。而且，福州船政学堂还促进了其他近代学堂的建立，如1880年李鸿章创办的天津水师学堂，就是仿造福州船政学堂的模式而建，并由福州船政学堂的第一届毕业生、留学生严复先后担任教习和总教习（校长）。就军事而言，福州船政局被称为"中国海军萌芽之始"，从1870年起，船政局就开始将所造轮船开赴沿海各地。据统计，截至1894年中日甲午战争之前，中国的北洋、南洋、福建和广东四支水师共有一百零六艘船舰，其中外购六十二艘，自制的有四十四艘，而福州船政局所造之船在自制的四十四艘中就有三十二艘，占自制总数的72.3%，其比重之大显而易见。更为重要的是，中国近代的海军人才绝大部分都出自福州船政学堂。有人统计，北洋水师在1888年正式建军时，在提督以下的总兵、副将、参将等十一个要职，以及重要舰船的管带（舰长），全部由船政学堂驾驶班一、二、三届毕业生担任，其中九人还是首届留学生。综合以上统计，可以看出福州船政局对中国近代的造船业、人才培养以及海军建设的贡献之大。

虽然福州船政局所取得的成绩不能都算在左宗棠一个人身上，但他的贡献无疑是最大。他是福州船政局的创始者、支持者和保护者。使这项前所未有的自强事业在极其困难的情况下没有夭折和中断，为中国的造船业和海军建设留下了一线生机。今天，中国已成为世界造船大国，抚今思昔，我们不能忘记当年左宗棠为中国造船业所立下的筚路蓝缕、创榛辟莽之功。

第 5 章

国家不可无陕甘，陕甘不可无总督

1866 年 9 月，清政府任命左宗棠为陕甘总督，即刻赴任。12 月，左离闽西行。在西行途中，清廷又任命他为钦差大臣，督办陕甘军务。此后七年间，左宗棠率军转战陕甘，全力镇压西捻军和回民起义。左宗棠在陕甘的军事行动，既是他先前镇压农民起义的继续，也为他后来收复新疆奠定了基础。

一、转战之劳苦，未有逾于此役者

清政府之所以任命左宗棠为陕甘总督，是因为当时陕甘的局势十分严重，已经到了不可收拾的地步。而此时的曾国藩、李鸿章正在江淮一带镇压捻军，无暇抽身，左宗棠因镇压太平天国表现突出，无疑是平定西北最合适的人选。

19 世纪五六十年代，在太平天国起义的影响下，陕甘一带爆发了大规模的农民起义，形成若干支武装力量，清政府实际上已失去了对陕甘的控制。

首先是西捻军的活动。捻军由捻党发展而来，历史悠久，

1853 年趁太平军东下之际，在安徽起义，此后规模不断壮大，成为长江以北一支重要的反清力量。太平天国失败后，捻军首领张宗禹、任化邦与太平军遵王赖文光联合作战，采用流动战术，改步兵为骑兵，很快成为一支约十余万人的武装力量，屡次大败清军。1866 年 10 月，捻军在河南分成东、西两支，赖文光、任化邦率领东捻军在鄂、豫、皖、鲁之间转战；张宗禹率领西捻军前往陕、甘，准备联合回民军，成为掎角之势。西捻军入陕，震动了西北。

其次是陕甘的回民起义军。1862 年，陕西回民任武、赫明堂在大荔县率众起义，此后，西安附近及陕北各州县纷纷响应。1863 年 3 月，在遭到清政府的镇压后，主力被迫退到甘肃宁州（今宁县），以董志原为基地，分立十八营，其首领有马正和、白彦虎、余彦禄、崔伟、陈林、禹得彦等，有众二十万。在陕西回民起义的影响下，甘肃回民也纷纷响应，后来，形成了四个中心：即以灵州金积堡（今宁夏灵武）为中心的马化隆一支，以河州（今甘肃临夏）为中心的马占鳌一支，以西宁（今青海西宁）为中心的马尔三、马桂源、马本源一支和以肃州（今甘肃酒泉）为中心的马文禄一支。

陕甘除回民起义军外，还有以董福祥、扈彰为首的汉族农民起义军，他们结合清军的散兵溃勇，主要在陕北一带活动。

左宗棠在西行途中，一边组军筹饷，一边制定用兵方略。他除自带亲兵三千人外，还奏请调派刘典为甘肃按察使，帮办陕甘军务，并在湖南挑选旧部三千人，多选营哨官，以便将来在陕西扩军，将六千人扩成一万二千人。在筹饷、筹粮、筹运输方面，他除了要求各省协饷外，还奏请朝廷准由道员胡光墉在上海向洋商借银一百二十万两。为了能将在上海、广州等地采办的军火、器械和饷银等项及时运往陕甘，还在上海设采办总局，武汉设陕甘后路粮台，襄阳设水陆转运总局，荆紫关设陆运分局，陕西省城设甘肃总粮台。

在战略方针上，面对复杂的形势，左宗棠把剿捻放在第一位，他在《敬陈筹办情形折》中分析道："以地形论，中原为重，关陇为轻；以平贼论，剿捻宜急，剿回宜缓；以用兵次第论，欲靖西陲，必先清腹地，然后客军无后顾之忧，饷道免中梗之患。"他虽是陕甘总督，却不急于进驻兰州，他奏称的理由是：甘省回民多于汉民，兰州虽是省会，形势孑然孤立，非驻重兵不能守。若驻重兵，则分剿各路之兵又显单薄，不能全力推进，一气扫荡。将来臣军入甘，应先分两大支，由东路廓清各路，分别剿抚，待大局戡定，然后再入驻省城。"是故进兵陕西，必先清关外之贼；进兵甘肃，必先清陕西之贼；驻兵兰州，必先清各路之贼。然后饷道常通，师行无梗，得以壹意进剿，可免牵掣之虞。"这样做的好处是，已经收复的失地不再受骚扰，当进兵作战之时，即可预收善后之效。事前看来虽嫌迟延，事后观之反为妥速。

左宗棠的这个战略方针事后证明是正确的。他一开始也对在陕西境内剿灭西捻军充满信心，但实际的军事行动要比他预料的困难得多。1867 年 7 月，他到潼关后，制定了一个对付西捻军的作战计划，准备卡住渡口，封锁渭河，把西捻军围困在渭河以北，泾、洛两河以东，北山以南，黄河以西的狭长区域内加以歼灭。他还与担任河防的山西按察使陈湜商讨河防部署，以防西捻军东渡黄河。对于西捻军的动向，左宗棠的分析是："东不能过潼关，北不肯窜北山，非从西路折向东南，别无去路。"但实际上西捻军却向北突围，接连攻占延川、绥德。

由于遭到回民军的攻击，左宗棠派出的追剿部队进军困难。清廷也对西捻军的去向极为担忧，令左宗棠就地歼灭，不可以驱赶出境即为了事，倘任其东渡，进入山西，惟左宗棠是问。

1867年12月17日，西捻军由宜川踏冰过黄河，进入山西，又经河南进入直隶，清廷震动。左宗棠得知西捻军渡过黄河后，"忧愤欲死"。12月25日，他上奏清廷，除催刘松山、郭宝昌两军兼程追击外，自己待所调军队到来后，即亲率入晋督剿，并请求朝廷将自己先行从重治罪，以肃军政。清廷接连给左宗棠"交部议处"和"革职留任"的处分。

1868年1月，左宗棠亲率八千余人，由潼关入山西，2月抵达直隶定州（今河北定县）。2月19日，清廷谕令：将现到直隶之各省官军归左宗棠总统，其前敌进剿各军，如有观望迁延、不遵调度者，左宗棠亦当据实参奏。此时，东捻军已在扬州失败，钦差大臣李鸿章率淮军北上，山东、河南、安徽各路大军云集。2月27日，清廷又令恭亲王奕䜣总统各路大军，左宗棠、李鸿章均归其节制。5月17日，又令李鸿章总统前敌诸军，左宗棠可就近檄剿。6月14日，因一个月期限内，未能剿灭西捻军，清廷又明降谕旨，将左宗棠、李鸿章交部议处，令都兴阿管理神机营事务，授为钦差大臣。一时间，直隶、山东运河沿岸，聚集十余万大军，分别由一位亲王（奕䜣）、三位钦差大臣（左宗棠、李鸿章、都兴阿），以及直隶总督官文、山东巡抚丁宝桢、河南巡抚李鹤年、安徽巡抚英翰等统领。如此多的大军和统帅，既表明清廷必灭西捻军而后快，也反映出清廷的调度无能和混乱，以及各路大军之间的难以协调。左宗棠对此颇为不满，他在给李鸿章的信中抱怨说："将帅太多，兵勇亦太冗杂，以理论之，实似欠妥。然我辈所事无成，何敢多腾口说？计惟有尽心干去，委曲求济而已。"此时的左宗棠只是一支偏师的主帅，协助李鸿章对西捻军进行最后的围剿。

1868年8月16日，李鸿章所部淮军将西捻军围困于山东荏平，张宗禹投河而死，西捻军全军覆灭。8月27日，清廷将李鸿章、左宗棠先前所受处分全部开复，赏加李鸿章太子太保衔，并以湖广总督协办大学士，左宗棠赏加太子太保衔，并交部照一等军功议叙。

左宗棠自1867年7月正式围剿西捻军，到1868年8月西捻军覆灭，他与西捻军的较量历时一年。尽管西捻军的最后覆亡，左宗棠也有一份"功劳"，但客观来讲，他围剿西捻军其实是失败的，他在得知西捻军乘黄河结冰渡过黄河后，"忧愤欲死"，主动请求处分。他把西捻军从陕西赶到山西、直隶，最后在直隶、山东交界处驰骋，不但没有实现歼灭西捻军于陕西的目标，反而驱使西捻军直逼京畿，朝廷震动，最后不得不屡换统帅，几乎动用了长江以北的所有兵力，才将西捻军扑灭。

左宗棠围剿西捻军之所以出师不利，这与捻军的作战方式有关。正如左宗棠后来所说，捻军惯技在飙忽驰骋，避实就虚。一开始还是马队和步兵夹杂，后来全部改为马队，经常在官军出队、收队、行军未及成列之时，突然发起进攻。遇到官军坚不可撼，则望风远引，瞬息数十里，待官军追来，则又盘折回旋，使官军疲惫不堪。其欲东也，必先西趋，其欲北也，必先南下，想方设法迷惑官军。这与以前太平军攻占一城便拼命死守的战法大为不同。正因为捻军有如此特点，所以战斗力极强，围剿极为困难，曾国藩、李鸿章都曾遭遇失败，左宗棠出师不利也并不意外。面对一次次失败，背负一次次处分，左

057

宗棠也不得不向朝廷哀叹："自军兴以来，步兵转战之劳且苦，未有逾于此役者。"要不是有十余万官军的围追堵截，单凭左宗棠一军之力，根本不是西捻军的对手。

左宗棠驱赶西捻军入直隶，害苦了李鸿章，李因此对左极为不满。本来，李鸿章费尽心力，终于在1868年1月将东捻军扑灭于扬州，清廷赏李鸿章骑都尉世职，可不到一个月，西捻军入直隶，李鸿章因应援不力，被朝廷拔去双眼花翎，褫去黄马褂，革去骑都尉世职。这些可都是李鸿章拿命换来的啊！李因此迁怒于左宗棠，他在给河南巡抚李鹤年的信中说："左公放贼出山，殃及鄙人，若使办贼者获罪，何以激励将士？"当他准备整军再战时，淮军将领却纷纷求退，令他极度焦虑和无奈。好不容易将西捻军消灭，当他向朝廷奏报张宗禹投河自尽、剿捻取得完胜时，左宗棠又上奏说，张宗禹死活不定，逼得刘铭传、郭松林等率淮军继续搜捕，不准撤防，这更让李鸿章生气。左宗棠平时自比诸葛亮，李鸿章则骂他是曹阿瞒，并对胡林翼当日何以如许推重左宗棠，感到不可理解。从左宗棠这方面来说，他对李鸿章也颇为不满，他与李鸿章都是总督兼钦差大臣。左在刚入直隶时，本是总统各军，后来却要受李鸿章节制，心中自然不服。他一开始对李鸿章的"圈制"之法也表示怀疑，后来因天降大雨，运水猛涨，"圈制"既成，他才认可。西捻军失败后，朝廷论功行赏，淮军居首功，李鸿章手下的大将刘铭传中途告假回家养病，7月才赴前敌，结果也被封为一等男爵，而左宗棠手下的大将刘松山，从陕西追至直隶，力战破敌，劳苦功高，而仅赏给黄马褂，赐三等轻车都尉世职，左宗棠为之不平。左、李两人本来就交往不多，此次因共同镇压西捻军又结下很深的梁子，以后几乎没有什么来往。

二、关陇安危，机括全在金积

1868 年 9 月 30 日，左宗棠进京受慈安、慈禧两太后召见。当问及何时可以解决陕甘问题时，左宗棠谨慎地回答："非五年不办。"两太后对时间如此之长颇感惊讶。但事后证明，左宗棠平定陕甘真用了五年，这并非是他能掐会算，而是对西征之难有充分的估计。

左宗棠抵达西安后，与陕西巡抚刘典及从各处前来的提督、总兵连日会筹军事，调度军粮，决定各军分东北和西南两路，由东而西前进，力固晋边，防止起义军进入山西，危及京畿。

西征面临的主要困难就是筹兵、筹饷、筹粮、筹转运，就难度而言，正如左宗棠所言："秦陇之事，筹饷难于筹兵，筹粮难于筹饷，而筹转运尤难于筹粮，窘迫情形为各省所未见。"能否解决这些问题，是左宗棠西征成败的关键。

就筹兵而言，左宗棠在陕甘统帅的军队，多而杂，不断增减。据秦翰才在《左文襄公在西北》一书的统计，主要有以下数支：首先是楚军，据左宗棠在 1869 年的统计，步队五十五营、马队十五营，共计三万一千二百五十名，再加上后来续募的楚军以及就地募练的军队，大概在楚军名义下的勇丁，总数在四万名左右。其次是原在陕西的清军，包括刘松山的老湘营、郭宝昌的卓胜军等，总数在三万五千名左右。再次是原在甘肃的部队，总数约三万五千左右。最后是陆续调派的部队，主要是张曜的嵩武军，约六千五百名，宋庆的毅军，约七千五百名，以上两军合计一万四千名。统共算来，左宗棠在陕甘所指挥的部队，大约在十二万人左右。需要指出的是，这些军队并不是一时筹集的，也不是同时投入作战，更不是完全用来作战，有许多是用来防护运输路线的。如金积堡之战，从平凉，经固原，到灵州，九百余里间，便连屯三十多营，轮番护送军需。

就粮饷而言，主要靠各省协拨。左宗棠向户部请求在原来协饷的基础上每年增拨四百万两，最后分摊到东南各省，每年共增拨三百万两。这三百万两加上原协各饷及收捐款目，每年总数为九百五十万两。这些新增拨款，从同治八年（1869）正月开始，一律照数筹拨，遇到闰月加算，按月各解交湖北汉口陕甘后路粮台交收。左宗棠西征的粮饷主要是靠东南各省的供应，正所谓"用东南之财赋，赡西北之甲兵"。他对此极为重视，操心最多，认为"饷足则将能驭军，而军不敢犯；兵能卫民，而民不受扰"。他在这一时期的奏折中屡屡陈述粮饷短缺，请求朝廷加紧督催。

在进军之前，左宗棠还面临一个问题，那就是在具体的军事行动中，如何处理剿灭与安抚之间的关系，应以何者为先？何者为主？剿抚兼施是历代统治者对待农民起义的惯用伎俩，清政府对待农民起义也不例外。陕甘回民起义的情况极为复杂，里面交织着阶级矛盾和民族矛盾，有些本来是反清的农民起义，但后来被首领所控制，成为割据势力；有些民众是被裹胁进来，不得脱身；还有更多的是灾民、难民，为了活命，不得不依附于某些割据势力。总体而言，起义军中的绝大部分是穷苦无依、在死亡线上挣扎的劳动人民。左宗棠作为清朝派出的平定陕甘的钦差大臣，无论从阶级立场，还是从职责来讲，他对各地起义军都不会心慈手软，事后证明，他镇压陕甘农民起义军的手段极其残忍和毒辣。但左宗棠也明白，一味地剿杀，不但诛不胜诛，而且后患无穷。因此，他在剿抚的问题上，既反对一味主剿，更反对一味安抚，而是在坚持剿抚兼施的大方针下，以剿为主，先剿后抚，以剿求抚，用剿使之不能或不敢反抗时，再施之以抚。1867年11月，他在奏折中就说：甘回非不可抚，必痛加惩创，使反者有所畏，设法安插，使良回有所归，而后抚局可成。左宗棠"以剿求抚"的策略的确比他的前任高明得多，他在西北的成功基于此，他在西北的残忍也基于此。

待一切安排妥当，左宗棠便开始正式进军。他首先选择了陕北延安、绥德、榆林一带的扈彰和董福祥作为目标。在左宗棠大军压境下，扈彰率部首先投降。1869年1月，刘松山率军在绥德、清涧等地，由东向西，经过六日苦战，打败了高二，威胁着董福祥。与此同时，金顺、张曜和刘厚基等率部在榆林、府谷一带打败了由靖边北扰的董福祥军。1月30日，董福祥的父亲董世有和弟弟董福禄率部在镇靖堡投降。左宗棠认为他们是被回民所逼，无家可归，被迫为匪，其罪可恕，奏请免于骈诛，就地安插。不久，董福祥也投降了刘松山，陕北平定。刘松山将董福祥部改编为三营，由董福祥率领，随老湘营作战。

初战告捷后，左宗棠便开始进攻董志原。董志原地处甘肃东部，在泾河与马连河之间，南北约一百里，东西约八十里，与陕西的邠州（今彬县）毗邻，是陕西回民军退居甘肃的主要阵地，故成为左宗棠镇压陕甘回民军首先攻取的目标。1869年1月，董志原回民军分路回陕西各地活动，左宗棠派兵分路阻击，但仍不能奏效。3月，左宗棠上奏称，回民军反复无常，一面求抚，一面又四出窜掠，纵横驰突，步骑混杂，兼具太平军的强悍和捻军的狡猾。在左宗棠大军的阻击下，回民军不得不退回董志原。3月30日，回民军集会，决定将十八营合并为由白彦虎、马正和、崔伟和禹得彦领导的四大营，其中的一半保护家口辎重先行，其余埋伏在董志原断后。此时，左宗棠大军乘势追击，4月3日占领董志原，至4月7日回民军被杀死、饿死者不下二三万人，骡马损失约二万匹。清军救出难民万余人，缴获军械无数，庆阳、泾州一律肃清。

正当左宗棠准备率军继续征讨时，刘松山和高连陞部接连发生兵变。3月25日，刘松山所部老湘营驻绥德四营营勇，联络游勇发动兵变，攻入绥德州城，但很快被刘松山平息。4月1日，驻扎在陕西宜君的高连陞部发生兵变，将甘肃提督高连陞及另外两名总兵杀死。高连陞，字果臣，湖南宁乡人。1854年投效湘军，隶属蒋益澧部，参与镇压太平天国。1862年随蒋益澧援助浙江，开始随左宗棠征战，参与攻克汤溪、金华、杭州、湖州诸战役，后随左入广东，克复嘉应城，授广东陆路提督。左宗棠任陕甘总督时，函调其入陕，调任甘肃提督。左宗棠称赞他："剿捻剿回，无战不克，身为大将，临阵辄跃马争先，耻居士卒之后，及收队论功，辄推奖诸军。"提督为一省最高军事长官，高连陞又随左宗棠征战多年，现在正是用人之际，却突然被部下所害，这令左宗棠十分恼怒。他认为兵变的原因是哥老会与各省勇丁相勾结，因此，在平息兵变过程中，大肆屠杀，除阵前斩杀一千三百余名外，捕获讯决者一百八十余名。

平息兵变之后，左宗棠把进军的重点放在了灵州的金积堡。正是金积堡之战，让左宗棠吃尽了苦头，久攻不下，又折损大将，真正尝到了陕甘回民军的厉害。

金积堡地处宁夏府灵州附近（当时属甘肃），周围有堡寨四百多座，当秦、汉两渠，扼黄河之要，地形绝险，贸易通西北各省及蒙古诸部，占有盐、茶、马之利。此处一梗，则宁夏、花马池、磴口、宁条梁、包头、归化城之粮食百货，不能由宁夏以达兰州。而且，金积堡的马化隆表面上投顺朝廷，暗地里与陕甘各回民军相通。因此，左宗棠认为，欲平陕甘各回民军，非先攻金积堡不可。此关一开，则威震全陇，乃收全功。

1869年7月，左宗棠抵达泾州（今甘肃泾川），开始部署对金积堡的围剿。9月4日，刘松山率军攻占吴忠堡，8日攻占灵州，10日又被回民军夺回。马化隆一边组织回民军抵抗，一面又故伎重演，多次具禀求抚，左宗棠开始遭遇来自战场和舆论的双重压力。绥远将军安定指责刘松山在灵州不分良莠，肆行杀戮。署陕甘总督穆图善也上奏说，马化隆曾被朝廷赏加副将衔，责令其保卫汉民，劝导回众。马化隆连年捐粮运送，每年不下七千石，积成巨款，救济饥军。马化隆深明大义，矢志靡他，证之前事，已斑斑可考。清廷也谕令左宗棠，悉心体察，虽不可一意言抚，而临事决机，亦不可涉以成见。其意思是要左宗棠既不可一意安抚，又不要固执己见，一意主剿。皇上的圣旨大都模棱两可，全凭臣下揣摩，左宗棠久历官场，岂能不知？但他认定只要能攻下金积堡，陕甘就大局已定。

在左宗棠大军的猛攻下，白彦文等陕西回民军西去，金积堡北面一带堡寨失守，只存东西数十堡，但回民军的反击也很厉害。1870年1月23日，回民军乘虚袭取定边，切断了刘松山大军的后路粮道，2月12日，回民军又夺取峡口。更为要命的是，2月14日，攻打金积堡的主将刘松山中炮身亡，年仅三十八岁。左宗棠痛感"失我右臂"，急忙调整战术，由原来的一意进攻改为"先图自固"。

刘松山，字寿卿，湖南湘乡人。咸丰初年，在本乡举办团练，隶属王鑫部，号老湘营。之后随王鑫转战湖南、湖北、江西诸省，历有名绩。后为曾国藩所赏识，转战徽州、宁国。曾国藩裁减湘军时，独留刘松山老湘营一军，以其忠勇可待也。左宗棠奉命入陕时，刘松山已追击捻军至陕西，遂归左调遣。之后，随左宗棠在陕西、山西、直隶追剿西捻军。西捻军平定后，左宗棠上奏为刘松山请功，并佩服曾国藩素称知人，提拔刘松山尤为卓识。左宗棠再次入陕镇压回民军，刘松山的老湘营一直是头号主力。如今，陕甘未平，大将战死，怎不令左宗棠痛惜。后来，左宗棠一再请求朝廷加赏刘松山，甚至请求将自己的一等轻车都尉世职追赏给刘松山，逼得朝廷最后终于加赏刘为一等轻车都尉世职。

刘松山死后，老湘营由刘的侄子刘锦棠统领。刘锦棠当时年仅二十六岁，但已随刘松山从征多年，谙习戎机，优于胆略，是一位勇谋兼备的青年将领。此后，他随左宗棠平定陕甘，收复新疆，立下大功，被左宗棠保举为首任新疆巡抚。

刘锦棠统领老湘营以后，没有退军，而是在守住吴忠堡、灵州等重要据点的基础上不断扩大战果。到10月12日，金积堡东面仅有两堡，西面也只有四堡，已被左宗棠的大军团团包围。但金积堡高近四丈，堡身厚约三丈，堡中有堡，极为难攻。在重重围困之中，堡内人心涣散，纷纷外逃，12月31日，陈林、阎兴春等率老弱妇女八千余人求抚，得到允准。1871年1月6日，马化隆亲赴刘锦棠营中投降，随即被扣押。左宗棠在密折中说，关陇安危，机括全在金积。金积一克，全局已在掌中。鉴于金积堡外尚有数堡未克，主张暂缓诛杀马化隆。2月，其余各堡或被攻破或投降。3月2日，刘锦棠以从堡中搜出匿藏枪械为由，将马化隆及其子马耀邦等十三人"凌迟处死"，又将各堡骨干一千八百余人处死，老弱妇幼一万二千人送固原安插。

左宗棠用一年半的时间，在付出巨大伤亡之后，终于攻下了金积堡，肃清了灵州、宁夏一带的回民军。他在事后给朋友的信中，历数了用兵之难，哀叹："仆十余年剿发、平捻，所部伤亡之多，无逾此役者。"

三、先规河湟，然后一意西指

金积堡攻下后，左宗棠把进军的重点转向了河州。河州（今临夏）与西宁是汉唐时期的河湟故地，为历代兵家必争之地。河州地属兰州府，洮河贯流其中，山壑纵横，地势复杂。1864年河州回民起义后，马占鳌掌握了河州地区的统治权。左宗棠在进攻金积堡时，曾派兵进攻过河州。1871年7月31日，左宗棠上《敬陈进兵事宜折》，称兰州东、西、南三面均紧连河州，河州局势不稳，则兰州不能解严，拟分兵三路进攻河州。进攻河州的主要困难有二：一是河州在洮河之西，从狄道（今临洮）、安定（今定西）、陇西进兵，必须渡过洮河，这在当时的物质条件下，相当困难。二是从秦州（今天水）向西，经巩昌（今陇西），到狄道，有四百余里，中间隔着二百余里的渭源属境，一片荒芜，人烟断绝，大军经过，无处给养。因此，左宗棠命先准备三个月粮料，屯储在相当地点，然后利用

6~8 月份夏收秋收之际，打到河州，便可就地得食。

9 月 16 日，左宗棠抵达安定，开始部署对河州的进攻。清军在攻取洮河东岸的康家岩后，渡过洮河，11 月又占领洮河西岸的三甲集。1872 年 1 月，清军对太子寺发起猛攻，但进军并不顺利，中路主将记名提督凉州镇总兵傅先宗、右路主将记名提督徐文秀先后战死，另有总兵 3 名，副将、参将、游击、都司 7 人被打死。同时，回民军伤亡也很大，马占鳌派人求降。左宗棠见剿难取胜，也同意受降，但又担心复反。在 3 月 2 日至 16 日期间，马占鳌先后交出马 2600 匹、叉子枪 900 余支，刀矛 4000 余件，并让前来助战的回民归家种地。左宗棠根据上述情况，确认马占鳌乞抚情形属实。随后，马占鳌又陆续交出马匹枪械，到 7 月底，共交出马 4100 余匹，枪矛 14000 余支，并亲到安定向左宗棠"具禀悔罪投诚"，誓为良民，左宗棠准其就抚。之后，任命马占鳌为统领，将其部按清军编制改编为 3 营，命河州知州、总兵各赴本任。

1872 年 8 月 18 日，左宗棠自安定入驻陕甘总督驻地兰州，这是他自 1866 年 9 月担任陕甘总督七年之后首次进驻总督衙门。由此可见他担任陕甘总督之艰辛及对不肃清外围之敌不入兰州这一战略方针的坚持。

左宗棠进驻兰州之后，下一个目标就是西宁。西宁位于兰州正西，黄河支流湟水南侧。陕西回民起义后，循化回族、撒拉族头目马尕三聚众起事，西宁办事大臣玉通采取抑汉扶回的政策，派循化回族士绅马桂源为西宁知府，其兄马本源为西宁镇总兵，结果西宁完全被马氏兄弟所控制。1870 年，马尕三死后，由马桂源叔马永福接任统领，马桂源兄弟仍操纵西宁地方政权。此外，陕西回民军首领白彦虎和禹得彦等也退到西宁。

西宁地形险要，城东北是湟水，其中从大峡口到小峡口一段，约八十余里，两岸高山对峙，古时称湟中。在这八十余里之间，只有一条岸路，宽广也只有数尺，人马通过，只可鱼贯而行。马桂源兄弟在山上都设有堡垒，八十里连绵不绝，其进攻难度可想而知。

1872年8月，左宗棠开始部署对西宁的进攻，九十月间，刘锦棠率部从大峡口逐步斩关而进，在六十余天中，血战五十多次，兵临城下。11月19日，马本源、马桂源从西宁逃走。11月20日，刘锦棠率军进入西宁城。1873年2月，崔伟、禹得彦等在西宁就抚，3月，马桂源等人在兰州被处死，只有白彦文一支两千余人由大通逃往肃州。

在左宗棠率军进攻河州、西宁的同时，新疆的局势更加恶化。1870年，阿古柏势力已控制了新疆南北大部分地区。1871年7月4日，沙俄又出兵侵占伊犁，觊觎乌鲁木齐，并与阿古柏订立条约，以承认阿古柏政权为条件，攫取在南疆通商等权利，整个新疆几乎沦为异域。为阻止沙俄继续东侵，清政府一方面命乌鲁木齐都统景廉、提督成禄等率部出关，一面命左宗棠迅速派劲旅前往扼剿。左宗棠分析形势后认为："以陇中局势言之，自宜先规河、湟，杜其纷窜，然后一意西指，分兵先扼玉关，断其去路，乃策全功。此时兴师远举，尚非稳着。"

但面对沙俄的侵略又不能不作防备，于是，他在派兵进军河州同时，调记名提督徐占彪统领所部马步十二营，由靖远取道兰州，经凉州（今武威）、甘州（今张掖）抵肃州（今酒泉），作为进攻肃州的先锋部队。

1872年1月，徐占彪率军抵达肃州，开始向肃州发起进攻。3月，徐占彪部与成禄部分别从东南与东北两面逼攻肃州。

4月，马文禄率数千回民军出城迎战失利后，加厚城垣，广挖深壕，增设坚卡，多积粮草，并向关外、西宁等地求援。面对这种坚城固守的战略，左宗棠命徐占彪稳重办理，等候攻占西宁后，再派大军全力会剿。

左宗棠在平定河州和西宁后，又派陶生林、金顺、宋庆等率部助徐占彪进攻肃州。而此时，从乌鲁木齐来援的四千余回民军，运粮骆驼一千余只，也进入肃州，马文禄又在北门外废堡的基础上构筑坚固的新堡一座。从西宁逃出白彦文也率四千余人抵达肃州，因清军阻击，未能入城，后又西去。

肃州向为中国西北重镇，城高三丈六尺，厚三丈有余，外环壕沟，宽八丈三尺，深二丈。马文禄固守不出，徐占彪久攻不下，战事陷入胶着状态。

1873年10月3日，左宗棠亲抵肃州，在城南二里扎营，亲自指挥攻城。他认为马文禄只剩孤城，援绝粮乏，自无不灭之理，但官军若从城下仰攻，徒损精锐，不如增修壕垒，一面用后膛开花大炮向城内轰击，一面挖掘地道进攻。但经过一个多月昼夜轰攻，仍未能攻下。此时，刘锦棠率老湘营也到肃州，左宗棠几乎动用所有的进攻力量。

在左宗棠大军的日夜炮轰下，城内回民军不得不宰驴杀马充饥，饿毙者不计其数，老幼妇女纷纷逃出。11月4日，马文禄亲自到左宗棠大营求降，左宗棠命他先缴马械，次造回民户口清册，听候审办安插。马文禄在走投无路之际，只得听命，陆续交出叉子枪一千一百七十余支，劈山炮、抬枪等数百件，矛千余件，刀叉无数，马七十余匹。11月12日，左宗棠将马文禄、马永福等九人处死，同时，金顺、刘锦棠等也将回民军首领一千五百七十三人全部处死。当晚，各军入城纵火，枪轰矛刺，将城内五千四百多回民，除老弱妇女九百余名外，尽付焚如，其残忍滥杀的行为令人发指。

肃州之战，是左宗棠平定陕甘的最后一战。至此，他从1869 年起共用五年时间完成了镇压陕甘回民军的任务，与原来的预计时间正好相符。1873 年 12 月 14 日，清廷发布上谕，着左宗棠以陕甘总督协办大学士，赏一等轻车都尉世职。左宗棠用回民军的鲜血成就了自己事业的辉煌。

四、天下事总要有人干

1866 年 9 月，左宗棠被清廷的一道圣旨，从平静的东南沿海调派到硝烟弥漫的西北战场，从筹办船政局的洋务活动又回到戎马倥偬的征伐岁月，这不能不说是一件既危险又艰辛的苦差事。因为当时陕甘的局势非常混乱复杂，任务极其艰巨，稍有不慎就可能重蹈覆辙，功名受累，但左宗棠不惧艰难，坦然面对，他在给儿子的信中曾写道："吾移督陕甘，有代为忧者，有快心者，有料其必了此事者，有怪其迟久无功者，吾概不介意。天下事总要有人干，国家不可无陕甘，陕甘不可无总督，一介书生数年任兼圻，岂可避难就易哉！"反映出一个有作为的政治家敢担大任、知难而进的品格。

左宗棠镇压陕甘回民起义，所面临的困难事先难以预料，其过程也极为曲折。他之所以最终能取得成功，有以下几方面的原因：

一是战略方针正确。他鉴于前任以抚代剿、酿成大患的教训，始终坚持先剿后抚，以剿求抚，"剿到极处，故能议抚"。这种剿抚兼施、以剿为主的战略，从实际效果和后续影响来看，虽困难较大，伤亡惨重，有时流于残忍滥杀，但最终却实现了全境肃清、一劳永逸的目标。左宗棠这种"以杀止杀"的策略，尽管遭到时人的非议及后人的谴责，但在当时混乱复杂形势下，如果不想让陕甘继续糜烂下去，舍此也别无良策。

二是进军路线正确。左宗棠虽在1868年9月就被任命为陕甘总督，但他入陕以后，并没有即刻进驻总督府兰州，而是先追剿西捻军，后又从陕北入手，由西向东，由北向南，在平定陕北、董志原、金积堡之后，挥师南下，又平定兰州附近的河州，直到1872年8月才入驻兰州。这种先腹地，次陕西，再甘肃，在扫清各路之敌后再入兰州的进军路线，是左宗棠在入陕之前就确定的方针，反映出他对西北局势的透彻了解和从大局出发的战略眼光。可以设想，如果左宗棠一开始就入驻危城兰州，必然会陷入既要守兰州，又要派兵分路攻剿的困境，其结果很难预料。

三是善后及时，措施得当。陕甘回民起义的原因极其复杂，各种矛盾交织在一起，但最根本的原因还是生存问题，此问题若不解决，单纯的军事上胜利不会维持长久。左宗棠深知这一点，因此，他在军事进攻的同时，及时进行善后工作，将大批回民安插各地，尽快恢复生产。左宗棠在用兵陕甘期间，对已经就抚的回民有四次大规模的安插行动：第一批是在金积堡之战后，安插陈林、阎兴春、余彦录等部回民到平凉、化平川、固原等地；第二批是1872年对河州回民的安插；第三次是从西宁迁出崔伟、禹得彦等部陕西回民到平凉等地；第四次是在肃州之战后，将甘肃回民和新疆来的维吾尔族、回族先送往兰州留养，再择地分起安插。安插回民涉及选址、发给土地、籽种、农具、编审户口等复杂程序，其难度相当大，但却是维持安定的长久之计。正因为采取了这些安插措施，左宗棠才能做到收复一地，安稳一地，很少出现抚而复反的情况，直到清末，陕甘再无大规模的回民起义和战乱。

对左宗棠镇压陕甘回民起义，历来就有不同的评价。比较而言，杨东梁在《左宗棠评传》中的评价较为客观公正。他认为，应当根据当时的具体情况进行具体分析。一方面，左宗棠进兵陕、甘，指挥清军屠杀回民，必须给予严厉谴责；另一方面，也要看到，陕甘回军被某些回族封建主夺得了领导权，他们尽力改变回民起义的方向，煽动民族仇杀，形成割据势力，阻碍着当地经济、文化的发展，破坏了祖国的统一。在这种情况下，左宗棠与他们进行斗争，就具有一定的进步作用。还应该看到，在西方资本主义列强频频入侵、民族危机日益严重的形势下，回族中的某些封建主，竟直接、间接地勾结外国侵略势力，为虎作伥，背叛祖国，也损害了作为中华民族一个组成部分的回族的根本利益。如盘踞肃州的马文禄，与新疆割据势力相勾结。当沙俄侵占伊犁、威胁乌鲁木齐时，他又堵住了清军入疆之路。再如，陕西回民首领之一的白彦虎，不但逃往新疆，投靠阿古柏殖民政权，而且后来还窜出国境，投入沙俄的怀抱，成为民族败类。因此，左宗棠对他们的军事行动，在维护国家和整个中华民族的利益方面是有进步意义的。

第6章

粮运两事为西北用兵要着

当 1866 年左宗棠被任命为陕甘总督时，他的主要任务是追剿西捻军，镇压陕甘回民起义，但在他用兵陕甘的同时，新疆的局势急剧恶化，先是阿古柏控制了南疆和北疆大部分地区，后是俄国侵占伊犁，并有东侵的意图，新疆面临沦为异域的危险。刚刚平定陕甘的左宗棠又面临着新的挑战和使命，历史选择了左宗棠，而左宗棠收复新疆的壮举铸就了他一生最辉煌的事业。

一、海防塞防，二者并重

新疆，自古以来就是中国的领土。西汉时期，称此地为西域，设西域都护进行管辖。1755 年（清乾隆二十年），清政府开始戡定西域，在先后平定准噶尔贵族和大小和卓的叛乱后，于 1759 年改称新疆。清政府在伊犁（今伊宁）设伊犁将军，为新疆地区最高军政长官，另设乌鲁木齐都统，为该地区的军政长官。乌鲁木齐以东设镇西府和迪化州，由镇迪道统辖地方民政事务，隶属于陕甘总督。新疆各民族事务，则由各民族首领自行管理。

1864年，新疆各族人民在库车、乌鲁木齐、伊犁等地举行起义，但起义的成果很快被各族首领和宗教上层人物所据有，形成了伊犁、库车、乌鲁木齐、喀什噶尔、和田等五个封建割据政权。它们之间的相互混战，为外来入侵者提供了可乘之机。

1865年1月，位于新疆西部的浩罕汗国利用喀什噶尔的回族首领金相印、柯尔克孜族首领司迪克向其求援之机，派阿古柏带领军队进入新疆。这一引狼入室的举动带来了严重的后果。阿古柏进入喀什噶尔，立即赶走了司迪克，夺取了统治权，之后又攻下英吉沙尔（今英吉沙）、叶尔羌（今莎车）、和田等地。1867年，又攻占乌什、阿克苏和库车，在喀什噶尔悍然宣布建立"哲德沙尔汗国"，自立为汗，据有南疆。1870年，阿古柏势力又向天山北路扩展，攻占吐鲁番、乌鲁木齐、玛纳斯等地。至此，阿古柏侵占了新疆吐鲁番以西和天山南北广大地区。

阿古柏入侵新疆，加剧了英、俄两国对新疆的争夺。1871年7月4日，俄国出兵侵占伊犁，并觊觎乌鲁木齐。第二年，俄国与阿古柏订立《喀什噶尔条约》，以承认阿古柏政权为交换条件，俄国得到在南疆通商等权益。稍后，英国也在1874年与阿古柏签订《英国与喀什噶尔条约》，同样以承认阿古柏政权为条件，换取了在新疆的特权。新疆面临着被瓜分和肢解的危险。

新疆局势的急剧恶化，引起清政府的恐慌，当得知俄国侵占伊犁后，清政府立即作出反应。在外交上，除在北京与俄国公使交涉外，还派署伊犁将军荣全赴伊犁，与入侵伊犁的科尔帕科夫斯基谈判接受伊犁。在军事上，命乌鲁木齐都统景廉带兵相机规复，并令在甘肃高台的乌鲁木齐提督成禄立即统兵出关，与景廉会合，力图收复。此外，还令淮军大将刘铭传带兵绕赴兰州北路，由甘州、凉州、肃州一带出关，节节前进，为收复新疆各城作准备。

左宗棠作为陕甘总督，对新疆的局势自然十分关心，当俄国侵占伊犁时，他正带兵攻打河州。由于肃州是出关入疆的必经之地，因此清廷命他尽快攻克肃州。左宗棠虽然坚持应先规河湟，然后一意西指，但又认为当此强邻觊觎、狡焉思逞之时，未可过于拘执，于是在进攻河州的同时，另派徐占彪率蜀军十二营奔赴肃州，提前打通清军西进的通道。

1873 年 3 月，左宗棠在致总理衙门信中，详细分析了新疆的形势和清政府应采取的措施。他认为，俄人有久踞伊犁之意，收复伊犁恐非笔舌所能争，而荣全深入无继，景廉兵力本单，后路诸军久成迁延之役，且冗杂如常，并无斗志，指望他们克复要地，速赴戎机，实无把握。因此，必须从内部署，重新筹度。他分析说，就兵事而言，欲杜俄人狡谋，必先定回部，欲收伊犁，必先克乌鲁木齐。如果乌鲁木齐克复，我武威扬，兴屯田以为持久之谋，抚各部使其安心耕牧，即便不立即索还伊犁，而已隐然含有不可侵犯之意。乌鲁木齐形势稳固后，然后向俄国明示伊犁乃我之疆土，尺寸不可让人。遣使奉国书，明定要约，酬资犒劳，使它有商谈的余地。它如果知难而退，我又何求？即便有不得已而用兵之一日，如果整齐队伍，严明纪律，精求枪炮，统以能将，未必不能转弱为强，战胜此等劳师远袭之寇！左宗棠最后总结说，目前要务不在预筹处置俄人之方，而在精择出关之将，不在先索伊犁，而在急取乌鲁木齐。左宗棠在这封信中，不但直言朝廷用人不当，而且强调先克复乌鲁木齐，收复新疆其他地区，最后再解决伊犁问题，这实际上是否决了清廷之前制定的收复伊犁方案。

正当清政府为收复新疆作准备时，中国的东南沿海也出现了危机。1874年5月，日本在美国支持下入侵中国台湾，10月，中日签订了《台事专条》，清政府竟承认日本侵台是"保民义举"，赔款五十万两。日本侵台使东南沿海的局势骤然紧张，福建、广东、浙江等省因加强防务，经费开支增加，纷纷要求停缓对西北的协饷，这给西征带来极大困难，东南海防与西北塞防的矛盾也由此而起。11月，总理衙门在加强海防折中，认为海防亟宜切筹，并提出练兵、简器、造船、筹饷、用人、持久六条建议，要各地督抚在一月内筹议复奏。各地督抚对海防与塞防的意见不一，由此引发了一场关于海防与塞防的大讨论。

12月10日，直隶总督兼北洋大臣李鸿章上《筹议海防折》，主张放弃西北，专注东南，成为海防派的主要代表。他在奏折中说，新疆只不过是数千里旷地，无事时每年尚需兵费二百余万两，已为不值。当外敌强大、国势衰弱之际，即便勉强恢复，将来断不能守，而中国目前力量实不能兼顾西域。在他看来，东南比西北重要，"新疆不复，于肢体之元气无伤；海疆不防，则心腹之患愈棘"。因此，他向朝廷建议：密令西路各统帅，严守现有边界，一边屯田一边耕种，不必急图进取。同时招抚伊犁、乌鲁木齐、喀什噶尔等回族首领，准其自为部落。已经出塞及尚未出塞各军，必须略加核减，可撤则撤，可停则停，其停撤之饷，作为海防之饷。很明显，李鸿章就是要在西北维持现状，把西征经费移作海防经费。

与李鸿章海防论意见相反的是以湖南巡抚王文韶为代表的塞防论。王文韶认为，俄国侵占西北，形势十分危急，我迟一步，则俄人进一步，我迟一日，则俄人进一日，而且西北安危与东南局势紧密相关，"但使俄人不能逞志于西北，则各国必不致构衅于东南"。因此，他主张，目前之际，尚宜以全力注重西北。

1875年4月12日，左宗棠上《复陈海防塞防及关外剿抚粮运情形折》，明确提出了"东则海防，西则塞防，二者并重"的主张。针对"停撤出关之饷匀作海防"的言论，他认为，若是海防比塞防更紧迫，西征军费比海防经费更充裕，尚可以这样说，但实际情况是，今日西征军费开支日增，各省协饷日减，积欠已达三千数百万两，因而官兵饷银，每年初发满饷两月，继则发一月满饷尚且不足，每到冬尽腊初，绕帐彷徨，不知所措。左宗棠这段话的言外之意是，西征经费本来就不充足，何以能移来作海防之费？针对"停撤出关兵饷"的言论，他指出，无论乌鲁木齐尚未克复，无撤兵之理，即便乌鲁木齐已经克复，定议划地而守，兵饷仍难遽言撤减。更为严重的是，若此时即停兵节饷，自撤樊篱，则我退寸而寇进尺，不独陇右堪虞，即北路科布多、乌里雅苏台等处恐也未能安宁。因此，停兵节饷，于海防未必有益，于边塞则大有所妨。

左宗棠做过闽浙总督，筹办过福州船政局，对海防不仅不陌生，而且还是积极的倡导者，现在身处西北，对塞防的重要性又有切身的感受，因此，他才提出了海防与塞防并重的主张。显而易见，在这次海防与塞防之争中，左宗棠的二者并重的主张不仅兼顾了当时中国东南和西北所面临的严峻形势，而且更符合中华民族的长远和根本利益，是正确和合理的。清政府向来把西北视为祖宗之地，自然不会轻易放弃，因此，最终采纳了左宗棠的建议，在加强东南海防、大办海军的同时，全力支持左宗棠收复新疆的军事行动。海防与塞防之争的结果，坚定了清政府用武力收复新疆的决心，这才使左宗棠用兵新疆成为可能。

二、西顾正殷，断难遽萌退志

左宗棠自 1866 年 9 月接任陕甘总督，到 1873 年 11 月攻克肃州，他作为陕甘总督剿捻平回的使命已经完成。1873 年 12 月，清廷授左宗棠以陕甘总督协办大学士，1874 年 8 月又补授大学士。作为一位汉臣，左宗棠的事业和荣誉已到了顶峰。

此时，他已是六十三岁的老人，西北的风沙和连年的征战使他的身体日渐衰弱，而夫人和长子的去世，又使他精神上遭受打击。因此，他这一时期从身体上考虑，不时流露出退意，但面前严峻的形势又使他不忍心撒手不管，置身事外。他曾在家信中对儿子说，我年逾六十，积劳之后，衰态日增，断不能生出玉门关。然就大局而论，关内肃清，总督应移驻肃州，调度军队粮饷以规复乌鲁木齐，乌鲁木齐克复后，总督应驻巴里坤以规伊犁。假若我现在四十余岁，尚可为国宣劳，一了此局，今老矣，无能为矣。不久将上奏陈明病情，乞求朝廷速觅替人。如一时不得其人，或先找人作帮办，或自己在此作帮办，待布置周妥，任用得人，自己再完全放手，亦无不可。此时不求退，则恐误国事，急于求退，不顾后患，于义有所不可，于心也难安。他在给朋友的信中，也同样流露出既想隐退又欲罢不能的心情。他在致刘锦棠的信中说，本打算收复河州、西宁后，即乞病回湖南养老，现在俄国侵占伊犁，"西顾正殷，断难遽萌退志，当与此虏周旋"。他在给胡光墉的信中也说，年已六十，衰病侵寻，奔波于戎马之间，难以应付，久想退休，举荐贤者自代。只是河州、会宁未克复，俄人又占据伊犁，必须加以料理。他还表示，即便代我者才能高过我，但西征之事头绪纷繁，断非生手所能遽办，自己不得不勉力支撑。

如果从个人身体和名利来讲，左宗棠此时如果急流勇退，见好就收，合情合理，无可厚非，但左宗棠早年就志向远大，为官后更是知难而进，敢担大任，此时要他安心隐退，实不可能。特别是他得知朝廷要派景廉、成禄之辈去收复伊犁时，更是不忍坐视成败，上奏直言朝廷用人不当。他先是弹劾乌鲁木齐提督成禄在高台"苛敛捐输，诬民为逆，纵兵攻堡，冤毙二百余人"，朝廷将成禄革职。后又在《遵旨密陈片》中，认为西征主帅景廉素称正派，也有学问，但泥古太多，无应变之才。所信任之人，阿谀取巧，少有匡助。手下之兵，偶闻敌警，一夕溃退，所部缺额太多，有粮无兵。而乌里雅苏台将军金顺，为人心性和平，虽失之宽缓，但为众情所服，平时虽没有什么特殊才能，但带队临阵，尚能奋勉。因此，他建议，由金顺来代替景廉，作为西征主帅。

也许有人会问，左宗棠在陕甘征讨多年，战功赫赫，无论就资历还是能力而言，都是西征主帅的最佳人选，清政府为何一开始没有选中左宗棠？左宗棠既然敢担大任，又为何不毛遂自荐？这里面的原因有以下两点：第一，当清政府得知俄国侵占伊犁，准备派兵规复时，左宗棠正率军攻打河州、会宁、肃州也未克复，平定陕甘的任务尚未完成，自然不便于即刻率兵出关。而乌鲁木齐都统有统驭关外之权，因此，清政府一开始任命乌鲁木齐都统景廉为西征主帅也是顺理成章的事。第二，也是最重要的一点，清廷入关后，对边疆要地一般设都统、将军来镇守，而都统、将军几乎全是满人。如新疆伊犁将军荣全、乌鲁木齐都统景廉、乌鲁木齐提督成禄、乌里雅苏台将军金顺皆是满人，这就是左宗棠所说的"边方节度例用丰镐旧家"，即边疆要员皆是满族权贵，不准汉人染指。这既是清廷一开始不任命左宗棠为西征主帅的原因，也是左宗棠虽对景廉不满，却又无奈推荐金顺的原因。

但随着陕甘的平定，特别是左宗棠对新疆形势及用兵方略的分析，终于使清廷明白，收复新疆的主帅非左宗棠莫属。1875 年 5 月 3 日，清廷发布上谕，左宗棠着以钦差大臣督办新疆军务，金顺仍帮办军务，并为乌鲁木齐都统，景廉调补正白旗汉军都统。至此，左宗棠正式成为收复新疆的主帅。

收复新疆，责任重大，而其难度不亚于平定陕甘。左宗棠在被任命为钦差大臣后，即开始着手组建军队。他认为，兵之用在精，兵之精在将，因此，精选能将成为准备西征的首要任务。在俄国入侵伊犁之初，清廷曾先后调派景廉、成禄、刘铭传、穆图善、宋庆等出关西征，但他们最终都与西征无缘。景廉被调入京，成禄被革职，刘铭传称病不愿意出关，穆图善以粮运不济被阻止，宋庆因河南不支持塞防而被调回。而左宗棠则以平定陕甘的班底组建了西征军，包括金顺、刘锦棠、张曜、金运昌、徐占彪等数支部队，并奏请简派与自己相处多年的刘典帮办陕甘军务，以为后盾。

在西征诸将中，张曜颇值得一提。张曜，字朗斋，顺天大兴人。年少倜傥不羁。咸丰初年，他前往河南固始投亲。此时，各地正防捻军，他便督团勇三百人，每日训练。有一日，捻军突然来攻，而县城防守未备，他便在城外设伏，待半夜捻军来攻，城内外枪炮齐发，捻军不知虚实，仓皇逃走。剿捻主帅僧格林沁得知后，亲自召见，命随大军征讨。此后数年，张曜在河南追剿捻军，因功由知县升为知府、道员，1861 年擢为河南布政使，但很快因御史弹劾，由布政使改为总兵，后加提督衔。张曜（所率军队后称嵩武军）在河南征战多年，与宋庆（所率军队称毅军）并称豫省名将。1868 年西捻军渡黄河东进后，张曜与刘松山、宋庆等一同围剿捻军。1869 年后，张曜率部在甘肃镇压回民起义，受左宗棠节制，因功擢为广东陆路提督。1874 年秋，率军在哈密屯田，大兴水利，垦荒两万亩，每年收获粮食数千石接济西征军队。1876 年，新疆北路收复后，又率部与徐占彪、刘锦棠一道进规南路。后任山东巡抚，治理黄河多有政绩。张曜少时失学，任布政使时，因御史弹劾他"目不识丁"而被罢免，他从此发愤读书，并以"目不识丁"为印章以自励，后虽显达，仍延通儒问经义，晚年犹有精进之功。左宗棠评价他：器识宏远，无急功近名之念，而才兼文武，方今尤不可多觏。张曜也算得上是自学成才的佼佼者。

左宗棠在组建西征军时，坚持"在精不在多"的原则，对各部进行撤减。金顺的军队，包括金顺和成禄、景廉等部，冗杂不堪，是撤减的重点，最后整编为 40 营。刘锦棠的老湘营，在出关时为 25 营，进军南路时增至 29 营，后又增至 32 营。张曜的嵩武军，再加上豫军刘凤清部 2 营，以及武朝聘的马队 1 营，共 15 营。徐占彪的蜀军只留下精壮马步 6 营。以上是进攻部队。防守部队主要有：金运昌的卓胜军有步队 6 营，马队 4

营。易开俊的安远军有马步 7 营，徐万福所带的湘军 4 营。另外还有文麟的威仪军、明春的健威军、额尔庆额的马队及左宗棠的亲兵等。总计，左宗棠的西征军共计有 8 万余人。

在武器装备上，西征军配备了不少新式武器。如金顺出关时，调配开花大炮 1 门；张曜出关时，调配连架劈山炮 10 尊，德国造后膛二号螺丝大炮 1 门，七响后膛枪 10 支。刘锦棠部队的新式武器更多，有各种新式大炮 10 多门，各种枪 1000 多支，后又调给大号及三号开花后膛炮 4 尊，田鸡炮数尊，后膛七响枪 300 支，快响枪 80 支，来复枪 500 支，各类炮弹 1000 余枚，大洋火 100 万颗，各类子弹 28860 颗。左宗棠还建立了一支由侯名贵率领的炮队，有后膛炮 12 尊，弁勇 160 人。在西征战场上，虽然刀矛并用，但得力于枪炮者居多，这也是西征所以能取胜的一个重要原因。

三、惟采办转运艰难万状

与选将和组军相比，军饷、军粮和转运则更难。正如左宗棠在给沈葆桢的信中说"西事筹兵非难，惟采买转运艰难万状"。他为此绞尽脑汁，费尽心血，甚至不惜向外商高息借款，购买外国粮食。

西征军的军费一开始是按陕甘军费，由各省关每年协饷 820 万两，但各省关积欠越来越严重。1873 年 11 月肃州之战结束后时，各省关积欠陕甘军费协饷达 1796 余万两，1875 年 10 月，积欠更达到 2740 余万两。很显然，只靠各省关协饷根本不能解决西征的军费问题。无奈之下，左宗棠在 1876 年 1 月上奏，请求朝廷援照沈葆桢先前为筹办台湾防务借款 1000 万两、年息 8 分、分 10 年还清的成例，允借洋款 1000 万两，仍归各省关应协西征军饷，分 10 年划扣划还。

一下子向洋人借款上千万，这使清政府很为难。当清政府征求沈葆桢的意见时，沈立即表示反对，这大出左宗棠意料之外。左宗棠甚至认为沈葆桢与李鸿章联络一起，故意与自己为难，两人关系开始交恶。在 1000 万两借款被否决后，左宗棠又上奏，请求朝廷让沈葆桢代借洋款 400 万两。西征既然是朝廷决策，军费总得有所着落。在左宗棠一再请求下，1876 年 3 月，清廷发布上谕，着户部库存四成洋税项下拨银 200 万两，并准其借用洋款 500 万两，各省应解西征协饷提前拨解 300 万两，以足 1000 万两之数。至于洋款如何筹措，着左宗棠自行酌度，奏明办理。清政府如此破格的举动，令左宗棠十分兴奋，更坚定了西征的信心，西征将士得知这一消息，士卒欢声雷动，发誓要竭力图报，有口同声。

当然这些经费远不够西征军的开支，为筹集西征军费，左宗棠除向各省关催解协款和向各地华商借款外，还不得不借用洋款。左宗棠在西征期间借用的洋款主要有以下几笔：1875 年 4 月，向丽如、怡和银行共借 300 万两。1877 年 7 月向汇丰银行借款 500 万两，月息一分二厘五毫，分 7 年还清。1878 年 9 月向乾泰公司（华商）和汇丰银行各借款 175 万两，月息仍为一分二厘五毫，分 6 年还清。1881 年 5 月，向汇丰银行借款 400 万，年息九分七厘五毫，由陕甘藩库收入分 6 年偿还本息。在 1874 年至 1881 年七年间，左宗棠共向华商借款 846 万两，向洋商借款 1375 万两，总计借款 2221 万两。由于利息高（年利 9.5% 到 10.5%）仅向洋商借的 1375 万两，截止到 1882 年还本 833.3 万两，就付利息 395.2 万多两，利息竟占已还本款的47.43%。

如此高额的利息，对清政府来说不能不是一个沉重的负担，难怪当时的《申报》评论左宗棠借洋款是"暂救燃眉之急，顿忘剜肉之悲"。左宗棠对此也感到痛心，他在给朋友的信中说："夫用兵而至借饷，借饷而议洋款，仰鼻息于外人，其不竞也，其无耻也，臣之罪也。"可就当时清政府的财政状况而言，不借洋款又何来军费？有人统计，在1875年至1883年间，西征军共收到饷银58477599.957两，其中向华商借款846万两，向洋商借款1375万两，华洋借款共占总收入的37.9%，而60%以上的经费是靠各省关协饷和部拨饷银，可见仍是以国内筹措为主。以上巨额数字充分表明，西征的胜利，新疆的收复，不仅是西征将士用鲜血和生命换来的，也是用数千万民脂民膏堆出来的。秦翰才在《左文襄公在西北》一书中统计，左宗棠平定陕甘，收复新疆，前后十四年，所用经费总数在一万万两以上。由此可见，清朝的腐朽统治和外国侵略给中国人民带来多大的灾难和负担！

有了军饷，怎么把军饷变成粮食，再送到士兵的口中，在历经战乱、方圆几千里的西北大地也是一件非常复杂艰难的工作。这项工作做得好坏，直接关系到进军是否顺利，正如左宗棠所言："粮、运两事为西北用兵要着，事之利钝迟速，机括全系乎此！"

在西北用兵，就地采买粮食，最为理想，可当时的陕甘及新疆历经战乱，民不聊生，根本无法解决几万大军的口粮问题。左宗棠后来主要通过以下途径采买粮食：

一是在河西走廊的凉州、甘州、肃州、安西，照民间价格买粮食，发给实银，不折不扣。据记载，1874年1月在甘肃四地购粮163000千多石，1875年3月在甘肃四地购粮19万石，1875年9月在甘州和安、肃各地购粮是122000石。由于河西久经兵燹，田亩大多荒芜，不能采买过多。

二是在归化、包头、宁夏一带采购粮食。这一带虽然路途遥远，但雇用驼只转运，日行一站，30多天可到新疆巴里坤，每100斤粮的运费只有8两多，比从甘肃四地运粮还省很多。1875年4月至6月，由归化、包头驼运的40万斤粮食已到巴里坤。到1876年7月的一年多时间里，由归、包运到巴里坤的粮食已达500多万斤，加上宁夏运到的，共达700余万斤。这是当时最成功一条采办和转运路线。

三是向俄国人购买。1875年，左宗棠还向俄国商人索思诺夫斯基购粮500万斤，包运到新疆古城子，价款和运费统共每百斤只需银七两五钱，比从关内运粮还要便宜。

除此之外，西征军在新疆的古城子、巴里坤也采买一些粮食。1874年张曜率嵩武军进驻哈密，在此屯田近2万亩，1875年就收获毛粮5166石，够嵩武军四五个月的口粮。

为了把采买的粮食运到前线，左宗棠采取了以下措施：一是广设粮运台站。当时，左宗棠除利用原设的上海采办转运局、汉口后路粮台和西安军需粮台为西征军转运饷粮外，还在肃州设立总局，哈密设督催粮运总局和军装制造总局，古城设立屯采总局，在安西、玉门、敦煌、巴里坤、奇台、济木萨尔、吐鲁番等地设采运局和柴草局站，采办粮草，转运军需，形成了一个从东南沿海到新疆前线的庞大的采办转运网络。二是借用民力。当时，往新疆前线转运粮草的，除官车、官骡、官驼外，还有民运，主要是商驼。三是节节转运。左宗棠认为，长途运输容易使牲畜疲劳，又为日太久，难以稽核，因此改为短运为宜。如从肃州到哈密 1580 里，人烟稀少，水草缺乏，行军十分困难。从肃州到安西一段 660 里，清军的开进方法是，先将甘、凉的粮草运到肃州，再由肃州运至玉门，然后第一批部队开至玉门就食，接着用私驼把玉门存粮运往安西，腾出官驼官车回肃州转运第二批粮草，第二批部队再随之出发。余均仿此办理。部队抵安西后，稍作修整，又分批前往哈密。由安西到哈密一段 920 里，一路戈壁，水草缺乏，由于每日宿营地的水源仅足千人之用，所以每批一千人，裹粮而行。

西征的运输工具极其缺乏。有一次，左宗棠从东路调一军驻防安西，在文书中郑重吩咐说："多带柳条筐、扁担为妙。"干什么用呢？原来是要挑安西城外的积沙。至于各队出发，只能步行，还要随身裹带粮食。冯玉祥的父亲曾参加过新疆之役，他说当初一路徒步走出关，背着一袋十多斤的生红薯，很沉重，并且饥也吃红薯，渴也吃红薯，吃得很腻烦，以后见到红薯就恶心。

秦翰才在《左文襄公在西北》一书中对当时西征军的运输工具有一个统计：从甘肃的凉州、肃州、安西到新疆的哈密、巴里坤、古城子、乌鲁木齐、吐鲁番以及以西的前线，调用的官商大车 5000 多辆，驼、骡、马、驴等牲畜达 34500 多头。如此庞大的运输队伍在中国近代军事史上是前所未有的，这一幅宏伟的画卷充分反映出西征筹粮及转运的复杂和艰难，左宗棠的心血也尽瘁于此。

第 7 章

先北后南，缓进急战

经过一年多的准备，1876 年 4 月 7 日，左宗棠第二次抵达肃州，4 月 26 日，西征军在肃州大营前举行出关祭旗仪式，收复新疆的战斗正式开始了。

一、必先克乌鲁木齐

新疆地域辽阔，因天山横亘东西，故分成北疆和南疆两部分。当时的敌情是，俄国占据的伊犁在天山北路西端，去伊犁必经乌鲁木齐。阿古柏除侵占天山北路的乌鲁木齐外，还控制着天山南路吐鲁番以西地区，清政府仅控制着乌鲁木齐以东的巴里坤和哈密等地。

确定进军路线和战略方针是用兵的关键，左宗棠对此有深思熟虑。早在 1873 年 1 月，他就在致总理衙门信中，提出欲收伊犁，必先克乌鲁木齐。现在要收复新疆，他选择的进军路线是"先北后南"，这样做的理由在于：首先，进军新疆的重点是阿古柏政权，而不是沙俄。只要能把阿古柏侵占的地方收回，就能堵住沙俄占据伊犁的借口，用谈判的方式收回伊犁。第二，从地理位置来讲，伊犁在乌鲁木齐以西，进攻伊犁必须经过乌鲁木齐，不收回乌鲁木齐就无法在北疆用兵。第三，当时阿古柏的势力主要在达坂城、吐鲁番、托克逊一线，而在北疆的势力比较弱，容易攻破。第四，乌鲁木齐是整个新疆的政治和军事中心，此城若克，以北制南，大局可定。

在军事战略上，左宗棠根据新疆的军事和地理形势，又提出了"缓进急战"的战略方针。新疆地处西北边陲，远离内地，交通不便，人烟稀少，再加上连年的战争，田地荒芜，粮食奇缺，因此，在新疆用兵，筹粮和筹转运成为头等大事。鉴于这种情况，在战前必须做好充分的准备，包括兵员的调集，军饷的筹措，粮食的采办、转运和屯集，以及军火的购置等，而一旦开战，就必须速战速决，避免陷入旷日持久的消耗战。此后，左宗棠在北疆和南疆用兵都是始终贯彻这一方针。

乌鲁木齐位于东西天山接合部的北麓，三面环山，北部及西部较为开阔，但有古牧地为其外围，南面有天山作为依托，地形比较险要。因此，左宗棠认为，官军必先攻古牧地，撤去乌鲁木齐、红庙（即迪化州州城）之樊篱，才能攻占乌鲁木齐。1876 年 7 月，刘锦棠率部到达巴里坤，并进驻古城，他与金顺会商后，决定提前发起进攻。鉴于古牧地守备甚严，必须强攻，金顺部在城正西、西北、西南三面筑垒，刘锦棠部在城正北、东北、正东、东南、正南筑垒。与此同时，刘锦棠命兵勇在南城外昼夜赶修炮台，要求以高过城墙一丈为度。8 月 17 日黎明，炮兵轰塌南城，攻城部队冲入缺口，在城内展开巷战，金顺所部也由东北面涌入城内，攻克古牧地。此战歼敌六千，清军阵亡一百五十八名，是收复新疆中最激烈的战役之一。

攻克古牧地后，刘锦棠缴获城内守军向乌鲁木齐求救的一封信件，上面有乌鲁木齐守将马人得的批复，从中得知乌鲁木齐空虚。于是，刘锦棠决定除留两营扼守古牧地外，率余部于8月18日黎明急速向乌鲁木齐挺进。乌鲁木齐守将白彦虎、马人得竟弃城而逃，刘锦棠不战而收复乌鲁木齐。稍后，金顺率部进占昌吉，伊犁将军荣全也率民团攻下玛纳斯北城，后又在刘锦棠部配合下，攻占玛纳斯南城。至此，天山以北，除伊犁地区外，所有敌占据点全部被克复。

二、三路进军，打开南疆门户

攻克乌鲁木齐后，收复伊犁的问题又摆在面前，下一步往何处进军，是往西用武力攻占伊犁，还是往南收复南疆？左宗棠的态度非常明确，那就是"此时俄人交还伊犁一节，可置之不论"，若南路进军顺利，伊犁可不索而还。"不索而还"是幻想，但一意南路的选择是正确的。

左宗棠把下一步进攻的重点放在达坂城、吐鲁番、托克逊三城。这三座城成品字形，阿古柏坐镇库尔勒，以达坂城、吐鲁番为屏障，以托克逊为重点。左宗棠针对敌人设防情况，在1876年11月初制定了一个三路并进的作战方案，即由刘锦棠、张曜、徐占彪各部克复达坂、吐鲁番、托克逊三城，打开南疆门户，然后乘胜西进，收复所有失地。具体部署是：刘锦棠部由乌鲁木齐南下，进攻达坂城，为北路；张曜部由哈密西进，为东路；徐占彪部出木垒河，越天山南下，为东北路。张、徐两部在盐池会合，协力攻克七克腾木、辟展和吐鲁番。得手后，立即指向托克逊。届时，如果达坂城未克，即配合刘锦棠部会攻达坂城，以收夹击之效。左宗棠预计，若三处得手，则破竹之势可成。

由于能否攻下达坂、吐鲁番、托克逊三城，关系到战争全局，左宗棠极为慎重，一再强调"仍非缓进急战不可"。他在给刘锦棠的信中说，"用兵之道，宜先部署后路，后路毫无罅隙可寻，则转运常通，军情自固，然后长驱大进，别无牵掣，可保万全"，并告诫刘锦棠"以现在局势言之，则今岁万无进兵之理"。为了明年进军顺利，左宗棠在以下几个方面作了充分的准备：首先，确定进规南路的总指挥。当时有金顺和刘锦棠两名人选，金顺是帮办新疆军务，又是乌鲁木齐都统，无论资历还是官位都胜过刘锦棠，但左宗棠更看好刘锦棠。他先让金顺选择是率军南下，还是留守乌鲁木齐。金顺知难而退，愿意坐镇乌鲁木齐，这正中左宗棠下怀。于是，左宗棠告诫刘锦棠要"一手经理，可以次第展布，不患牵掣"。其次，加强南下军队的战斗力。刘锦棠的老湘军增加到马、步、炮二十九营，张曜的嵩武军共有马、步、炮十六营，徐占彪的蜀军有六营，三支部队共有马、步、炮五十多营，兵力约三万人。

1877年4月14日，冰雪初融，刘锦棠率部从乌鲁木齐出发，日夜兼程，于17日到达达坂城，将城包围，用枪炮猛攻，并击退从托克逊来的援军。经过三天的进攻，20日攻占达坂城。24日，刘锦棠又率军南下，于25日抵达托克逊，并发起进攻，26日攻克托克逊。

在刘锦棠顺利进军的同时，徐占彪所率蜀军与张曜所率嵩武军按计划在盐池会师，于4月21日进攻吐鲁番东面门户七克腾木，次日又乘胜进攻辟展。4月26日，刘锦棠部罗长祐率六营与张曜、徐占彪两军会师，形成三军合击之势，顺利攻下吐鲁番。西征军在十日之内连下三城，粉碎了阿古柏的防线，打开了进军南八城的大门。5月29日，阿古柏在库尔勒饮毒自尽（一说被人下毒害死），阿古柏在南疆的统治已经摇摇欲坠。

三、千里追击，收复南疆

北疆的收复和达坂、吐鲁番、托克逊三城的攻克，使收复南疆成为可能。当时阿古柏在南疆的势力主要集中在东四城和西四城，东四城即喀喇沙尔、库车、阿克苏、乌什，西四城即喀什噶尔、英吉沙尔、叶尔羌、和田。就地理位置而言，东四城大致在托克逊以西的一条直线上，由吐鲁番经喀喇沙尔到乌什东西长二千三百余里。喀什噶尔是南八城的中心，由阿克苏到喀什噶尔七百余里，由喀什噶尔南经英吉沙尔，再东南经叶尔羌到和田有一千四百余里。西征军要收复南疆，就必须在四千余里的漫长路线上转战，其用兵之难可想而知。

为了保证进军顺利，左宗棠又坚持"缓进急战"的原则，不急于进军，这是因为：一、吐鲁番被称为"火洲"，素以酷热著称，夏季更是炎威灼人，未可急进。二、需要储备足够的粮食并能转运到前线。三、重新部署西进兵力。当时在吐鲁番、托克逊屯扎的西征军有刘锦棠、张曜、徐占彪三支。左宗棠对徐占彪越来越不满意，不久即将其调至巴里坤护理粮运，而对刘锦棠和张曜极为欣赏，这样西进的主力就是刘锦棠的老湘营和张曜的嵩武军。刘锦棠的老湘营由二十九营增加到三十二营，张曜的嵩武军有十五营随同前进，易开俊的马步七营驻扎在吐鲁番预备前进，总计西进南八城的兵力有五十四营，约三万八千人。

1877 年 8 月，新秋初至，刘锦棠先派数营从托克逊出发，分两路前往曲惠安营。沿途搬运柴草，开浚泉水，按程预备，以待大队续进。9 月 27 日，刘锦棠率大队出发。他命步兵各营走大道，自率骑兵各营走小道，于 10 月 2 日同抵曲惠。

10 月 3 日，刘锦棠命余虎恩、黄万鹏等率马步十四营取道乌什塔拉，沿博斯腾湖南岸指向库尔勒侧背为奇兵。5 日，刘锦棠自率主力沿大路向喀喇沙尔进发。由于开都河泛滥，刘锦棠部一面搭桥修路，一面堵塞上流。10 月 7 日，大军抵达喀喇沙尔城，但城空无人，水深数尺，官署民舍，荡然无存。9 日，进入库尔勒，又是一座空城。原来白彦虎劫掠四乡秋粮后，已西逃库车。此时，西征军所裹带的粮食已经用完，刘锦棠一面传令后路迅速转运救济，一面悬赏掘粮，挖出粮食数万斤，勉强能维持数日之食。

刘锦棠根据敌军西逃库车、立足未稳等情况，决定亲率精兵乘胜追击。于是，他从各营中挑选健卒一千五百名和精骑一千名，先行进发，命罗长祐率后队各营及辎重跟进。10 月 8 日，清军克复库车。10 月 19 日，刘锦棠率军继续西进，21 日，抵拜城，得知白彦虎前一天由此西逃，便决定穷追不舍。24 日，攻克阿克苏，26 日，又收复乌什。

东四城被攻克后，西四城的守军见大势已去，自乱阵脚，互相攻杀，这为西征军乘胜收复提供了良机。刘锦棠原计划先取叶尔羌，但他得知喀什噶尔兵民反正已占据汉城时，便决定先攻喀什噶尔。他分兵三路前进：一路由余虎恩等率步兵三营、骑兵二营，从阿克苏取道巴尔楚克（今巴楚东）直趋喀什噶尔为正兵；一路由黄万鹏率骑兵六营、张俊率步兵三营，经乌什取道布鲁特边境出喀什噶尔西为奇兵，二路军队约定于12月18日同抵喀什噶尔，形成包围之势。第三路由刘锦棠亲率马步各营，经巴尔楚克直捣叶尔羌和英吉沙尔，策应攻取喀什噶尔。12月17日，余虎恩、黄万鹏等部同时到达喀什噶尔，当晚一举攻下该城。12月21日，刘锦棠率部收复叶尔羌，24日又收复英吉沙尔。1878年1月2日，董福祥率部克复和田。至此，新疆全境除伊犁外，已全部收复。

西征军收复南疆的战斗仅用三个月时间，进军如此顺利，连左宗棠都感到"非意料所及"。他对此也颇感自豪："南疆八城，不满三月，一律肃清，自周秦以来实已罕见。"

四、舁榇以行，誓收伊犁

阿古柏势力消灭后，收复伊犁的时机已经成熟，但沙俄素以狡诈著称，它绝不会轻易将伊犁归还中国。于是，中俄之间就伊犁问题展开了外交和军事上较量，左宗棠在其中发挥了重要的作用。

左宗棠用兵新疆的最终目的无疑是收复包括伊犁在内的整个新疆，但为了进军的顺利，他一直把消灭阿古柏势力作为主攻目标，对俄国人占据的伊犁暂缓处置，希望沙俄能信守"承诺"，待新疆其他地方收复后主动归还伊犁。

南疆收复后，伊犁的归还成为左宗棠西征最终成败的关键。不过，他一开始还是寄希望于谈判解决伊犁问题，他在给张曜的信中说，此时兵威已盛，欲战则战，何所顾忌，可从全局来看，我国东北、西北均与俄国接界，兵端一起，事无了期。因此，他告诫张曜"静以待之，不可衅自我开，令彼得有借口，是为至要"。

由于伊犁问题是中俄两国之间的交涉，两国必须派代表谈判解决。1878 年 7 月 20 日，清政府派吏部右侍郎、署盛京将军崇厚出使俄国，与俄国谈判交收伊犁问题。在俄国的愚弄下，10 月 2 日，崇厚与俄国签订了《里瓦几亚条约》，中国虽收回伊犁，但却更改了原定边界，又割去不少领土，伊犁也成为一座弹丸孤城。总理衙门认为此项条约，允与不允皆有其害，瞻前顾后，进退两难，于是命李鸿章、沈葆桢、左宗棠等人就崇厚所订条约，复议具奏。

10 月 19 日，两江总督沈葆桢在奏折中明确表示拒绝条约："俄人要挟太甚，应将使臣所议作为罢论。"11 月 7 日，直隶总督李鸿章复奏，他虽然也认为俄国"藉肆要挟，不餍其欲鏊不止"，但又说："若先允后翻，其曲在我"，"崇厚所订俄约，行之确有后患，若不允行后患更亟。"主张接受条约，再设法补救。

12 月 4 日，左宗棠向朝廷上《复陈交收伊犁事宜折》，全面阐述了自己对崇厚条约和伊犁问题的看法。他此时已完全抛弃了对俄国的幻想，认清了沙俄的狡诈本性，认为俄人专尚诈力，不以信义为重，断难望其守约而持久。俄人占据伊犁之始，曾表示我若克复乌鲁木齐、玛纳斯，即当交还。待官军连下各城并克复南疆，而俄人不践前言，稳据如故，而且还包庇从中国逃出的叛逆，怂恿其扰我边境。由此可见，我之守约如此，彼之违约如此，尚何信义可言！对崇厚所订条约，左宗棠分析说，我得伊犁，只剩一片荒郊，北境一二百里间皆俄属部，孤注万里，何以图存？伊犁四面，俄部环居，官军接收，虽得必失。为此，他感慨道："武事不竞之秋，有割地求和者矣。兹一矢未闻加遗，乃遽议捐弃要地，餍其所欲，譬犹投犬以骨，骨尽而噬仍不止。目前之患既然，异日之忧何极！此可为叹息痛恨者矣！"左宗棠最后向朝廷提的建议是："就事势次第而言，先折之以议论，委婉而用机；次决之以战阵，坚忍而求胜。"与此同时，左宗棠在给总理衙门的信中，也同样表示，俄先已启衅，曲本在俄。以目前边事言之，论理固我所长，论势亦非我短。只希望朝廷内外坚持定议，先之口舌，继以兵威，事无不济。

清政府对左宗棠的意见极为重视，认为是"洞澈利害，深中窾要"，并命所有新疆南北两路边防事宜，即着该督预筹部署，以备缓急之用。同时，将崇厚革职议处，后定为斩监候。1880年2月19日，清政府又派大理寺少卿曾纪泽出使俄国，再商伊犁问题。

面对清政府在伊犁问题上的强硬态度，俄国极为恼火，除了继续进行政治讹诈外，还在我国东北和西北调集兵力，特别在伊犁地区更是重兵云集，战争处于一触即发之势。此时，左宗棠已做好了用武力收复伊犁的准备，他计划分三路进攻伊犁：东路由伊犁将军金顺率步骑二十五营一万二千余人，扼住精河一线，严防俄军窜犯；中路由张曜率步骑十九营八千五百人，从阿克苏冰岭之东，沿特克斯河指向伊犁；西路由刘锦棠率步骑二十八营一万一千人，取道乌什，从冰岭以西经布鲁特游牧地区直指伊犁；此外，以六千人分屯阿克苏、哈密为后应，以三千人增强塔尔巴哈台防务。准备参战的部队共约五万余人。为了鼓舞士气，表示必胜的决心，1880年5月26日，六十九岁的左宗棠率亲兵从肃州"舁榇以行"，即抬着棺材进军，6月15日，到达新疆的哈密，这是左宗棠第一次踏上新疆大地。

正当左宗棠准备与俄国拼死一战、用武力收回伊犁之时，8月11日，清廷却发布上谕，以"现在时势孔亟，俄人意在启衅，正须老于兵事之大臣以备朝廷顾问"为由，命左宗棠"来京陛见"。对清廷这一人事变动的原因，大体有三种说法：一是中俄可能发生战争，调左宗棠入京委以重任。面对俄国对我国西北及东北的威胁，甚至扬言要封锁辽海，进犯北京，朝中不断有人上奏说，今日之事决非现在枢臣数人所能胜任，惟大学士左宗棠老成硕望，功业昭著，请求朝廷召左宗棠来朝，以备顾问。还有人建议调左宗棠进京，委以军国大柄，使之内修政事，外总兵权。清廷采纳了这一建议，才有调左入京之举。二是左宗棠自己的理解。他认为朝廷调自己入京，或是"以备顾问"，寄予重任，或是念自己衰疾颓唐，不宜久劳边塞，而加以体恤。无论哪一种都是皇恩浩荡，无法拒绝。三是秦翰才在《左文襄公在西北》中的分析，他认为原来李鸿章辈认为中国力量不能和俄国开战，主张和平解决。这样，清政府就一意主和，调文襄公入京，减少在新疆和俄人启衅的机会。比较而言，最后这点比较可信。毕竟，俄国当时也算是世界强国，因伊犁问题与俄国开战，与征讨阿古柏势力是两种级别完全不同的战争，清政府在多次败于列强之后，不敢冒这样的风险，更何况崇厚已同俄国签订了一个归还伊犁的条约、曾纪泽还在俄国继续进行谈判呢。

9月8日，左宗棠奏请由刘锦棠督办关外一切事宜，将钦差大臣关防交刘锦棠代领，陕甘总督交杨昌濬接署。11月14日，左宗棠率亲军自哈密东行，踏上了入京之路。

在入京途中，左宗棠还一直关注伊犁问题，他在给刘锦棠的信中说："俄事非决战不可，连日通盘筹划，无论胜负如何，似非将其侵占康熙朝地段收回不可。中俄之衅，实由此开。"这里所说的康熙朝地段，就是俄国通过 1858 年《中俄瑷珲和约》和 1860 年《中俄北京条约》强行割占的我国黑龙江以北以东的大片领土。左宗棠的气度可谓大矣，但这些被割去的领土只能是中国人永远的痛。

1881 年 2 月 24 日，中俄签订《中俄伊犁条约》。这个条约同崇厚所订条约相比，挽回了伊犁南部特克斯河谷地、哈巴河等处领土和一些利权，但仍是一个不平等条约。左宗棠在得知这个结局后，尽管很不满意，但也无可奈何。国势如此，仅凭一己之力又能如何？左宗棠为收复伊犁已经是竭尽全力了。

五、夷大难而集大勋，岂幸致哉

左宗棠收复新疆，如果从 1875 年 5 月他被任命为钦差大臣督办新疆军务算起，到 1878 年 1 月攻克和田止，仅用了不到三年的时间。如果从 1876 年 4 月祭旗出征算起，时间不到两年。在如此短的时间内，几万大军在数千里的天山南北取得如此巨大的胜利，这不仅在中国军事史上极为罕见，在世界军事史上也属奇迹。但战争的胜利并非侥幸所致，而主要得益于以下因素：

第一，决策正确，选将得当。自 1865 年阿古柏入侵新疆始，新疆就逐渐脱离了清政府的统治，但当时国内战事未平，特别是与新疆相连的陕甘激战正酣，清政府根本无力顾及新疆。自 1871 年俄国占据伊犁后，清政府就开始考虑收复新疆问题。在此后的海防与塞防之争中，尽管有李鸿章这样的重臣主张移塞防经费补充海防，但清政府最后还是采纳了左宗棠的建议，海防与塞防并重，此后更是全力支持收复新疆。在当时的君主专制体制下，清政府的决策对收复新疆具有决定性的意义。更重要的是，清政府最终任命左宗棠为西征主帅，这一任命直接关系到西征的成败。左宗棠早年饱读经世之书，对地理、军事颇有研究，又在赣、皖、浙、粤征战多年，富有军事经验，特别是他当时正在陕甘用兵，对西北情况极为熟悉，可以说是西征主帅的不二人选。可以想象，若不是左宗棠，而让景廉或金顺来做西征主帅，那会是一种什么结局？因此，清政府决策正确，选将得当无疑是西征取胜的首要原因。

第二，准备充分，保障有力。西北用兵的最大困难就是筹粮难、转运难，解决不了这两个问题，进军根本无从谈起。左宗棠为此耗尽了心血，他之所以始终坚持"缓进急战"的方针也是着眼于此。在整个战争中，清军的准备时间远远超过作战时间。从1875年5月左宗棠被任命为钦差大臣算起，到1876年4月祭旗出征，整整准备了一年。整个收复新疆的战役历时一年半，其中实战时间不过半年多一点。收复北疆后到进军吐鲁番，准备了半年，从收复吐鲁番到进军南疆又准备了四个月。在进军过程中，清军一段路程一段路程地凿井开渠，备粮、备水、备草。在准备工作尚未完成之前，决不轻易发起进攻。一旦完成了战前准备，则不失时机地发起进攻，力求速战速决。收复达坂、吐鲁番、托克逊之战，实战时间不到半个月。奔袭数千里，收复南疆八城，也只用了四个半月的时间。可以说，左宗棠在收复新疆的战争中将"缓进急战"这一方针发挥得淋漓尽致。

第三，坚持了正确的战略方针，选择了正确的进军路线。

西征军的战略方针就是"缓进急战，先北后南"，这八个字是西征取胜的法宝。单就进军路线而言，"先北后南"是极为正确的选择，首战乌鲁木齐，先打弱势之敌，待北疆收复后，分兵三路攻克达坂、吐鲁番、托克逊三城，打开通往南疆的门户，然后千里跃进，由北向南，由东向西，节节深入，终得全胜。

当然，西征军的胜利也与阿古柏军队战斗力不强有关。阿古柏在新疆的残暴统治不得人心，其内部又矛盾重重，他一死，其子竟相互残杀，依附者也纷纷逃散或反正，因此，西征军一到，不战自乱，或弃城而逃，或反正献城，这也加快了西征胜利的步伐。

就收复新疆的功劳而言，左宗棠无疑应排在第一。他在收复新疆中的贡献主要体现在以下几个方面：第一，主张海防与塞防并重，坚定了清政府用武力收复新疆的决心。左宗棠在西北征战多年，对塞防的重要性认识最深，对用兵新疆也最有把握，他的意见和建议直接影响着朝廷的决策。第二，为西征大军筹饷、筹粮、筹转运呕心沥血，不遗余力。几万大军长驱几千里进行征战，粮饷若有不济，就会前功尽弃，半途而废。左宗棠在各省关协饷不济的情况下，不惜向洋商高息贷款，其孤掷一注的举动虽遭人指责，又何尝不令人感动！第三，选择了正确的进军路线，制定了正确的战略方针，显示出一位主帅运筹帷幄、把握全局的能力。第四，挑选良将，组建精兵。他挑选金顺、刘锦棠、张曜、徐战彪等作为西征主将，对刘锦棠更是充分信任，不加遥制，使其有随机应变之权。而刘锦棠在收复新疆的战争中确实表现出优异的指挥才能和应变能力，为战争的胜利立下了汗马功劳。另外，左宗棠对军队的增减和调配、武器的装备也极为重视，使西征军不但在士气上，而且在武器上，都超过阿古柏军队及其依附势力，这也是保证西征军取胜的一个重要因素。第五，准备用武力收复伊犁，为中俄伊犁谈判提供了军事支持。

收复新疆是载入中华民族史册的一件大事，左宗棠在其中充分表现出一位政治家的高瞻远瞩和军事家的有勇有谋。正如接替左宗棠任陕甘总督的杨昌濬在评价中所言："盖公之临事，必熟思审处，务期于至当，运之以精心，复行之以果力，乃举人所难者，悉转而为易焉！是以雄师所指，战必克而攻必取，夷大难而集大勋也，岂幸致哉！"

第8章

引得春风度玉关

　　左宗棠在西北的十多年中，左宗棠的绝大部分时间和精力都用在军事上，真可谓戎马倥偬，日理万机，但在繁忙的战事之余，他对西北的开发和建设也极为关注，留下诸多惠民利民的善政良举，为西北的稳定和发展作出了重要的贡献，赢得了时人和后人的称赞。

一、为新疆划久安长治之策

　　收复新疆无疑是左宗棠在西北最辉煌的事业，但他更关心的是新疆收复后如何才能保持长治久安和繁荣发展，为此，他在收复新疆的过程中及离开新疆以后，连续五次上奏，建议清政府在新疆设省，表现出一位政治家对建设西北、保卫边疆的远见卓识和不懈努力。

　　在阿古柏入侵新疆以前，清政府在新疆设伊犁将军，下辖各地参赞大臣、办事大臣及领队大臣，并辖乌鲁木齐都统，加强对天山南北各地的统治。当时清政府在新疆的统治是军民分治，伊犁将军只管军政，不理民事，民政事务仍由各地民族头目自理。在北疆和蒙古族、哈萨克族地区和吐鲁番、哈密等地实行札萨克制；在南疆的维吾尔族地区，仍然实行伯克制。在乌鲁木齐、巴里坤一带的汉、回地区设州县，为镇迪道，虽有乌鲁木齐都统兼管，但隶属甘肃省。哈密亦隶属甘肃安肃道。因此，新疆是以军府制为主体的多元制的行政建制，这也是导致地方民族主义势力膨胀以及形成割据局面的重要原因。1865年以后，随着阿古柏的入侵和沙俄侵占伊犁，这种以军府制为主体的多元化统治已土崩瓦解，若新疆收复，建立一种新的行政制度势在必行。

在新疆建省的议论由来已久，早在鸦片战争之前，龚自珍在《西域置行省议》中就提出在西域建立行省的方案，魏源在《圣武记》中也提出过在新疆"列亭障，置郡县"的建议。1833年，二十二岁的左宗棠在一首诗中就写道"置省尚烦它日策"，表明他当时已开始关注新疆建省问题。左宗棠一生与西北有缘，四十四年后，他真的向朝廷提出在新疆建省的建议，并且连续五次，最终实现了龚自珍、魏源、林则徐这些前辈们的夙愿。

1877年7月，左宗棠在《遵旨统筹全局折》中，以钦差大臣督办新疆军务的身份首次向朝廷提出在新疆建省的建议。他指出，自古以来，中国的边患西北重于东南。我朝定鼎燕都，蒙古环卫北方，因此，重新疆者所以保蒙古，保蒙古者所以卫京师。如此则西北臂指相连，形势完整，无隙可乘。若新疆不固，则蒙古不安，不但陕甘、山西各边防不胜防，即直隶北京，也将无安稳之日。况且，俄人拓地日广，由西向东万余里，与我国北境相连，仅中段有蒙古为之屏障，尤不可不早为防备。因此，为新疆划久安长治之策，解除朝廷西顾之忧，则设行省、改郡县，已到了非办不可的地步。

1878年初，在西征军攻克喀什噶尔、收复除伊犁以外的全部新疆领土之时，左宗棠第二次向朝廷提出，新疆应否设行省，开置郡县，事关西北全局，请朝廷下旨命总理衙门、军机处、六部、九卿及各省督抚会议复奏，听候圣裁。可清政府的答复是，新疆应否设行省郡县，事关重大，非熟悉该处地方情形，难以悬断，若此时即刻令内外臣工议奏，未必确有定见。因此，仍着左宗棠详细酌度，因地制宜，妥议章程具奏。

1878年11月，左宗棠在《复陈新疆情形折》中，第三次详细陈述了新疆的形势和建省的必要性、可能性和紧迫性。他重点强调此时设省的两个理由：一是新疆刚刚收复，北疆还定安集，招徕开垦，户口渐增；南疆开河引渠，清丈地亩，修筑城堡塘站，铸钱征厘，百废肇兴。因此，南北开设行省，天时、人事均有可乘之机。失之不图，未免可惜。二是新疆原有的体制，治兵之官多，治民之官少，官民隔绝，各族头目挟官意倚势作威。如设行省，则民众的愿望容易知道，政事的成败容易发现，长治久安之效，实基于此。但由于此时伊犁仍未收复，清政府以"一切建置事宜尚难遽定"为由，仍要左宗棠悉心筹划，次第兴办。

1880年5月，左宗棠在《复陈新疆宜开设行省请先简督抚以专责成折》中，第四次提出设省建议，并列出详细方案。他根据新疆形势，认为北路的乌鲁木齐和南路的阿克苏能控制全疆，建议乌鲁木齐为新疆总督治所，阿克苏为新疆巡抚治所。另外，将军率旗营驻伊犁，塔尔巴哈台改设都统。以下再设伊犁、镇迪、吐鲁番、阿克苏、喀什噶尔五个道，迪化等十五个府，镇西等六个州，以及迪化等二十一个县。全省设总督、巡抚、知府、同知、知县和将军、都统、兵备道等军政官员。这个方案虽然有可取之处，但一省之内总督、巡抚、将军并存，太显重叠臃肿。清政府仍以伊犁尚未收复、布置一切不无窒碍为由，未予批准。

尽管当时也有人反对在新疆建省，但随着1881年2月俄国归还伊犁，新疆建省已是大势所趋。1882年8月，接任左宗棠督办新疆军务的刘锦棠在奏折中，对新疆建省提出了自己的意见。他的方案是：设巡抚一员，驻乌鲁木齐，伊犁仍设将军，下设镇迪、阿克苏、喀什噶尔三个道，道以下设府、厅、州、县等官不过三十余员。而且，他不同意将新疆与甘肃决然分开，主张添设甘肃巡抚一员，驻扎乌鲁木齐，管辖哈密以西南北两路各道厅州县，并赏加兵部尚书衔，统辖全疆官兵，督办边防，并设新疆布政使一员，随巡抚驻扎镇迪道，加按察使衔，管刑名驿传。

1882年10月，已调任两江总督的左宗棠第五次向朝廷提出新疆设省建议。他仍坚持设立总督和巡抚，不同意由陕甘总督兼理，主张新疆单独建省。

1884年11月17日，清政府正式发布新疆建省上谕，其文曰：新疆底定有年，宜统筹全局，厘定新章。前经左宗棠创议改立行省，分设郡县，业经刘锦棠详细陈奏，由部奏准。着照所议。添设甘肃新疆巡抚、布政使各一员。清政府任命刘锦棠为甘肃新疆巡抚，仍以钦差大臣督办新疆军务，调魏光焘为甘肃新疆布政使。很显然，清政府最后采纳的是刘锦棠的建省方案，但新疆建省是由左宗棠最先向朝廷创议并在五次力争下最终实现的，左无疑应是新疆建省的最大功臣。

新疆建省是中国近代史上的一件大事，从此新疆由以军府制为主体的多元化体制改变为与内地一致的军政合一的郡县制。这对加强新疆与内地的联系和往来、维护祖国统一和民族团结、促进新疆发展都具有重要而深远的意义。这也是左宗棠继收复新疆后，对新疆发展和西北建设作出的又一重要贡献。

二、新栽杨柳三千里

左宗棠在西北的经济建设事业，大体可分为两类：一是创办新兴的机器工业，主要有西安机器局、兰州制造局、甘肃织呢局等军用与民用企业；二是举办了一些传统的惠民利民工程，如屯田、修桥、铺路、植树，整顿田赋、盐务、茶务、厘金，以及开渠凿井、禁烟、振兴农牧蚕桑等等。

左宗棠作为洋务派的重要成员，在闽浙总督任上创办了福州船政局，成为洋务运动中标志性的企业之一。到了西北，尽管他的主要使命是镇压农民起义，但为了军事和民用的目的，他还是在力所能及的范围内创办了若干洋务企业，为封闭落后的西北大地留下了星星点点的近代工业文明。

西安机器局是左宗棠在西北最先创办的一个洋务企业。1869 年 3 月，左宗棠在一份奏折中说，他所部楚军军火皆由上海洋行采办而来，价值昂贵，现在正招募浙江工匠，准备机器来陕西，制造洋枪、铜冒、开花子等，以节省在上海购买制造之费。至迟在 1870 年 9 月，西安机器局就已开工生产。1872 年，一个外国人到西安机器局参观后说，局里在制造大量的新式枪炮所需要的子弹和火药。制造的工人是宁波人，都曾在上海与金陵两制造局受过训练。1874 年 2 月，一个参观者到机器局看到的情形是：蒸汽机一座，轮干旋转，专制洋炮、洋枪，使枪自转，旁伺以刃。凡修膛、退光，迎刃而解，削铁如泥。更有磨刀石，极为省力。机关精巧，见所未见。工匠以广东、宁波人居多。

左宗棠在西北创办的最大军事企业是兰州制造局。创办时间大约在1872年夏秋之际，主持者是总兵赖长。赖长原是左宗棠在福建时的旧部，擅长仿造西洋枪炮，制作灵妙，是位精通近代枪炮和机器制造的专家。左宗棠调他来西北，在兰州设局，他所带的宁波和福建、广东工匠，能自造铜引、铜冒、大小开花子，能仿造德国螺丝及后膛七响枪，还能把劈山炮改为鸡脚架，由过去十三人减少为五人就可施放，无壳抬枪也由过去的三人放二杆改为一人放一杆。兰州制造局以制造枪炮为主，制造时参用中西之法，而兼其长，并且能精益求精。1875年，俄国人索思诺夫斯基看到制造局仿制的法、德枪炮时，叹服其精确程度如德国相同，而自造的大洋枪及小车轮炮、三脚劈山炮，又是德国所无。

兰州制造局除造枪炮外，还能制造出抽水机（当时称吸水龙）和灭火机（当时称水龙），以及织呢绒的机器。兰州制造局生产的枪炮，起初是为了镇压回民起义，后来主要用于收复新疆，特别在攻占古牧地、达坂城和喀什噶尔等战役中发挥了重要的作用。

左宗棠在西北创办的民用企业主要是甘肃织呢局。1877年开始筹建，1880年9月16日正式开工生产。织呢局由赖长任总办，设备主要从德国购买，还聘用了德国技师、总监工和翻译。织呢局开工不久，就面临开工不足、原料不足、水源缺乏、销售困难等问题。1883年10月，因锅炉破裂，无法修复，被迫停工，1884 年 5 月正式停办。由于筹办仓促，计划不够周详、稳妥，甘肃织呢局以失败而告终，但左宗棠为发展西北毛纺织业所倾注的心血，还是应该铭记，同时也为后来西北毛纺业的发展提供了经验和教训。

左宗棠在西北的经济建设最初主要是着眼于军事目的，其中以屯田成效最大。屯田本是古老的西北用兵之法，汉代的赵充国在河湟一带屯田，传为美谈。左宗棠在 1833 年就有"兴屯宁费度支钱"的诗句，谁曾想到，四十年后，他真在西北大兴屯田，而且取得了显著的成绩。

左宗棠在西北的屯田，有兵屯和民屯之分。兵屯是划定荒地，指定某一部队开垦，地熟归官；民屯是划定荒地，招民承垦，地熟升科。凡官军收复一地，安营设卡，派兵防守，左宗棠便命这批士兵在空闲的时候，利用营旁没人耕种的田地种庄稼。收获的粮食，归营中作价收买，价款分给种田的士兵。各营哨官则另按督导的勤惰，分别奖惩。这些田地，以后如有业主回来认领，就还给业主。与此同时，招徕流亡民众，起先给他们赈粮，维持生活，然后发给他们种子、耕牛、农具，教他们种庄稼。收获的粮食，也归营中作价收买。他们和兵勇杂居耕种，这样不但军粮有着落，田亩也免荒芜，最为老百姓所乐意。当然前提是兵勇不可欺侮老百姓。左宗棠对于发给的种子、耕牛、农具，都主张临时配给实物，不许预先折发现银，防止老百姓拿了钱去作别用，或把种子当食粮吃掉。

左宗棠在西北，一路进兵，一路屯田，从泾州一直到敦煌。出关之师，也采用这个办法。左宗棠拨给张曜屯田费三万两，命他率部在哈密屯田。张曜部后来屯田近二万亩，每年收粮数千石，大大缓解了粮食困难。在新疆的屯田也很有成绩，据 1878 年左宗棠在奏折中称，在北路巴里坤，兵民报垦五万数千亩；古城子报垦民户九百多户，兵屯新垦六千六百多亩；乌鲁木齐报垦民户二千多户，昌吉新旧垦户一千三百多户；玛纳斯新旧垦户九百多户。在南八城，共征粮二十三万八千多石，另征折色一万三千七百多两，比从前增加了近一倍。

左宗棠之所以能在屯田方面取得显著成就，这与他早年研读农书、热心农务有关，也是因为楚军将领多是来自田间，耕田原是本业，现在利用战事之余，重操旧业，岂能不得心应手？在左宗棠之前，在西北用兵的将帅可谓多矣，只有左宗棠能屯田成功，绝非幸致。最可笑的是乌鲁木齐都统景廉，他模仿古人徙民实边之举，要从关内移民关外开屯，且耕且战。曾有五营调驻济木萨，刚扎营，忽闻敌警传来，竟在一夜间哄然溃散。左宗棠认为这是把屯户误当作兵勇所致，兵是兵，民是民，寓兵于农的时代已经过去，亦兵亦农，且耕且战，只能是历史的陈迹。左宗棠对屯田的认识确实比其他人高明。

在西北用兵，行军艰难自不用说，因此，左宗棠命令军队每到一地，就在当地修桥、铺路、植树。修桥、铺路既便于行军，也便于民用。路旁植树的好处大体有三：一是巩固路基，二是便于车马行进，三是为夏时行旅提供阴凉。据 1880 年左宗棠的一个奏折记载，仅关内各县植树已达五十六万九千多株。其中自陕西长武县界起至甘肃会宁县东门外止，六百多里间，历年共种植成活的树，就有二十六万四千余株。这个数字虽然只是各支军队在西北植树的一部分，里面也可能有水分，但大体上能看出当时西北植树的规模之大。1879 年，杨昌濬应左宗棠之邀西行，见道路两旁绿木成行，不禁触景生情，吟出了脍炙人口的诗句：大将筹边尚未还，湖湘子弟满天山。新栽杨柳三千里，引得春风度玉关。古人有"春风不度玉门关"的诗句，如今左宗棠收复新疆，建设西北，如同将春风引入玉门关外。第二年，左宗棠从关外进京，一路见到"道旁所种榆树业已成林，自嘉峪关至省城，除碱地沙碛外，拱巴之树接连不断"。新疆境内的情况，直到民国初年还有人在阿克苏一带看到："湘军所植道柳，除戈壁外，皆连绵不绝，枝拂云霄，绿荫行人。"后人为了纪念左宗棠，将西征大军所植之树，称为"左公柳"，并在沿途立榜明示：昆仑之墟，积雪皑皑。杯酒阳关，马嘶人泣。谁引春风，千里一碧，勿剪勿伐，左侯所植。

左宗棠还在西北开展禁烟运动。当时西北各地遍种罂粟，危害极大。1869年6月，左宗棠即宣布禁种罂粟。他作成四字韵文的告示，刊印成册，散发各地，进行广泛宣传。他采取的方法主要是禁种，他认为罂粟种在田野中，一望而知，无从秘密。从成苗到开花、结果、收浆，要经历较长的时间，既易指认，也易铲除，因此禁种最为方便。烟源既塞，烟价提高，烟民自可减少。在甘肃，他命各道府督同厅县营汛四出挨查，遇见成片地亩种罂粟的，一律翻犁灌水，整个铲除；遇见罂粟与豆麦杂种的，光把罂粟拔去。以上都要按月实报。同时由布政使和按察使再委派人员周历各村严密视察，对于违禁的老百姓，只是杖责枷号，无论贫富贵贱，一律清白处治，决不宽假。每年二三月份，命各州县带着乡总厉行查禁，对于乡总，酌给口粮。夏初结报，再派员踏勘，如发现查禁不力，便把乡总斥革，州县官惩处。

尽管有严厉的措施，但宁夏等地仍栽种不止，地方官也表示一时难以禁尽，左宗棠最后把宁夏一府六县，除宁灵厅外，其余分别革职、撤任、开缺另补、撤销保案，一并查办。栽种罂粟的地亩，丈量充公，士绅依势抗违，一律拿办。为消除土烟的来源，对川、滇等土烟入境，一经发现，一律焚毁。左宗棠还把各种戒烟药方，介绍给烟民，并鼓励官绅士民捐资合药，分赠烟民。左宗棠在西北禁烟取得了明显的效果，到他离任时，他自己检讨禁烟的成绩是：甘肃境内，已没有烟苗；陕西境内，深山僻壤没有根绝；在新疆境内，南路要比北路干净。

在禁种罂粟的同时，左宗棠鼓励当地百姓种棉、种桑养蚕。1873 年，左宗棠赴肃州，路过山丹、抚彝、东乐各处，见到田间所种棉花，恰值成熟，白花累累。他停车和百姓谈话，都认为种棉利益不下于种罂粟，他很高兴。宁州和正宁两处，经地方官劝教兼施，也种棉踊跃。1874 年初，他还下令刊行《棉书》和《种棉十要》，向百姓传授有关种棉技术。左宗棠还在甘肃、新疆推广种植桑树。1877 年，他让胡光墉雇募湖州熟习蚕务者六十人，带着桑秧、蚕具前来，教民栽桑、接枝、压条、种葚、浴蚕、饲蚕、煮茧、缫丝、织造诸法。自安西州、敦煌、哈密、吐鲁番、库车以至阿克苏，各设局授徒，希望将浙江之利推广于新疆。

三、分闱就试，分设学政

左宗棠对西北的文化教育事业也十分重视，他在西北兴办书院，兴办义学，刊印书籍，都取得一定成绩，特别是他将甘肃科举与陕西分开，分设学政，对甘肃人才的培养和选拔贡献极大。

1870 年春，左宗棠正督军攻打金积堡，但他没有忘记在甘肃兰山书院读书的贫家子弟。他嘱咐甘肃布政使崇保代发院中膏火，并以自己的经历写信鼓励院中诸生认真读书："本爵大臣四十年前一贫士耳，然颇好读书，日有粗粝两盂，夜有灯油一盏，即思无负此光景。今年垂耳顺，一知半解，都从此时得来；筋骨体肤，都从此时练就。边方无奇书可借，惟就《四书》《五经》及传注，昼夜潜心咀嚼，便一生受用不尽。"后来，左宗棠规定，院中正课四十名，每名每月给膏火三两；副课五十名，每名每月给膏火一两五钱，每年约共两千多两，都由左宗棠捐廉，或在公款项下酌拨。

左宗棠在西北期间，各地兴办了不少书院，或将原有书院加以修整。如平庆泾固道魏光焘兴修的平凉柳湖书院，最为宏大。左宗棠在入京时路过视察，称其规模宏敞，间架整齐，新植嘉树成林，尤称胜景。陕西延榆绥镇总兵刘厚基规复的榆阳书院，也相当宏伟，左宗棠为其亲题"北学其先"四字，以旌其门。这些书院在晚清兴办新式教育时，大都改做学堂，是西北现代教育的起点。

左宗棠每到一地，即兴办义学。1875 年，他拨兰州北山荒绝地七百七十五亩，收租供各官学经费，有四个义学重新修建。1877 年，左宗棠又创设崇文义学和讲义学舍。同时，又在张家河口，创设河口、三门和古城三所义学，又在阿干镇创设阿干义学。总之，在左宗棠去任之时，省城内外，共有新兴的义学十六所。

甘肃图书缺乏，士子们所诵读的书本，大都是书商从成都和武汉贩来的。后因战乱，书籍更少。针对这种情况，左宗棠在西北大量印书，以满足需要。他刻印的书籍有供科举考试之用的《五经》《四书》，供蒙童和士子诵读的《小学》《孝经》，供一般人阅读的、具有教化功能的《吾学录》《训俗遗规》和《圣谕广训》，供农人阅读的《棉书》《种棉十要》，供官吏阅读的《学治要言》《佐治药言》等，此外，也刻印一些诗文等书。

左宗棠对甘肃文化教育事业的最大贡献就是将甘肃的科举与陕西分开，大幅度提高了甘肃士子参加乡试中举的名额，为甘肃的人才提供了一个攀升的台阶。原来，甘肃虽在康熙二年从陕西划出，自成一省，但经过二百多年，甘肃乡试依旧和陕西合并举行。贡院设在西安，从甘肃各县去，最近也有七八百里，宁夏二三千里，河西三四千里，至于新疆的镇迪道则达五六千里。来回时间，少则一月，多则三四月。需要费用，少则数十两，多则一百数十两。以甘肃交通的险阻，社会的贫困，实在难以参加。

1874年2月，左宗棠上《请分甘肃乡闱并分设学政折》，请求朝廷念甘肃士子赴陕西乡试，道远费艰，请分闱就试，并分设学政。他首先陈述了甘肃士子赴陕西应试的艰难，其赴乡试（在各省省城举行，考中者称举人），盖与东南各省举人赴会试（在京城举行，考中者称贡士，再经殿试，考中者即为进士）劳费相当。因此，诸生附府厅州县学籍后，竟有毕生不能赴乡试者，穷经皓首，无缘一试，岂不令人感慨！自军兴以来，学臣不按临甘肃者，已逾十年。甘肃士子赴陕参加乡试，有因资斧无措，不能远行者；有因夏秋暑雨，水潦纵横，无从问津，致误考期，废然而返者；还有资斧耗尽，抑郁成疾，死在中途者。其能抵达陕西参加乡试者，只占有资格参加者的十分之二三而已。其次，他提出分闱的具体建议。如果甘肃、陕西两省平分取中额数，各占一半，因陕西应试人数一向多于甘肃，会使陕西中额顿形减少，不太公平。因此，他请求朝廷比照各省中额最少之贵州，每科取中四十名，满营应试士子，每科取中二名，合共四十二名，作为定额。遇简放主考、学政之年，另简甘肃正、副主考官各一员，甘肃学政一员。

左宗棠的请求很快得到了朝廷的批准。接着，甘肃就开始兴建贡院，其地盘纵一百四十丈，横九十丈，号舍可容四千人，规模宏大，共费银五十万两，都是从各州县捐募而来。1875 年，贡院落成，左宗棠奏请简派考官，举行甘肃分闱第一次乡试，与试者约三千人，比以往在陕西，多出两三倍。左宗棠以陕甘总督的身份，照例入闱监临。待发榜时，第一名解元，恰是他平日所赏识的兰山书院的高才生安维峻。因此，左宗棠在给吴大澂的信中，不无得意地说："频日宴集，必叙此为佳话，觉度陇以来，无此兴致也。"左宗棠本是举人出身，现在通过自己的争取，甘肃也可考出自己的举人，左宗棠岂能不高兴？

甘肃虽实行分闱，贡院在省城兰州，位置也比较适中，但甘肃寒士仍是无力参加。左宗棠看到有些参加乡试的士子，衣衫褴褛，形同乞丐，而调查他们的川资，还是由地方官代为筹措。第三次乡试时，左宗棠正在肃州，对于安西州去的十九名考生，肃州去的四十三名考生，都由他津贴用资，每人八两。至于中乡试后，进京参加会试，当然更加困难。左宗棠在任时，也曾酌赠津贴，一次每人二十两，一次每人三十两。左宗棠之所以能这样做，正是因为他当年赴京赶考就是由亲友资助才得以成行，甘肃寒士的苦楚他感同身受。

四、名字与西北共不朽

如何评价左宗棠在西北十几年的成就，秦翰才在《左文襄公在西北》一书的结论是：左宗棠在西北的成就，军事多于政治。换句话，军事是全盘成功，政治上没有多大成功。

他分析军事全盘成功的表现是：清代并有西域，同治以后，陕、甘、新在混乱和割据的局面下，先后几及十年之久。说得严格一些，这西北一隅之地，早已名存实亡。换了几位统兵大员，没法收拾。倘再迁延下去，陕甘可能成为西夏，新疆可能给人家瓜分；陕、甘、新也可能通为一气，而另建一个新国家。亏得文襄公坚忍奋斗，才算给吾们保全了这一百六十多万平方公里的疆土，同时也是保固了西北毗连各省区。且新疆自用文襄公主张而建省，由军府制度进而为郡县制度，从前属国性或者羁縻性的西域，永为吾国本土的一部。这一军事上的成就，在吾中华民族筹边史上，实占着空前的一页。

左宗棠在政治上为何没有多大成功呢？他的分析是，文襄公虽在西北有十二年八个月之久，实在他的精神和时间，可说百分之九十以上用在军事。所有政治上实际的设施，大部分在同治十一年（1872）甘肃肃清，和光绪三年（1877）新疆肃清以后。况且文襄公接受陕甘总督的关防，已在同治八年十月。照例，没有接任总督，就只是以钦差大臣督师，不便过问地方政治。又依清代政制，陕西设有巡抚，本省政治应由巡抚主持，文襄公虽为陕甘总督，不应多所干预。新疆则收复不久，文襄公即去任，又不及多所顾及。并且，政治工作与军事行动不同：军事行动，一经把对方抵抗力量消灭，就算确定成功；

至于政治工作的成功，应看效验，而这个效验大抵绝不是短时期可以表显。他最后的总结是：文襄公只完全恢复了这一个地区的主权，却没有完全改善了这一地区的政治和社会状况。

秦翰才对左宗棠军事成功、政治成绩不大的分析，基本上符合历史事实。但需要指出的有两点：第一，在当时的西北，平定陕甘，收复新疆就是最大的政治，也可以说，军事就是政治。若陕甘继续割据混战，新疆继续被阿古柏和沙俄侵占，又何谈政治？因此，左宗棠在西北的事业，难以分出政治和军事。第二，在当时的君主专制制度下，地方督抚无法改变既有的政治体制，在政治上所能做的无非是整顿吏治、纠正官场恶习、惩治贪官之类的修修补补。这样做的结果，对整个政治体制毫无触动，官场痼疾也难以根本清除。左宗棠作为一位以平定陕甘、收复新疆为己任的大清臣子，完成了其他人难以完成的任务，为大清王朝，为中华民族都立下了大功劳。

至于左宗棠经营西北成功的原因，秦翰才的分析有四点：

第一，文襄公从诸多书籍中，对西北险要厄塞、风土人情和西北境外的情形，了如指掌。他正是根据研究所得，消化了前人的良法美意，同时注意尽量避免重蹈前人的覆辙。文襄公在西北的成功，就是这一种对于西北大势健全的、准确的和实际的认识在起作用。

第二，文襄公是一个忠贞的人，一个刚强的人，一个谨慎的人，一个清廉的人。因此，文襄公在西北的成功，是这种吾国向来所贵重的士大夫的素养在起作用。

第三，文襄公在上海设一个采办转运局，采运枪炮弹药和机械，筹措华洋借款，探报中外重要消息。在汉口设一个后路粮台，采运土产器材，照料新募和遣散的过境勇丁，转运上海军需，筹措华商借款。在西安设一个总粮台和一个军需局，催收和转解各省协饷。在用兵关外时，更设帮办一职，坐镇兰州。当大军直捣新疆南路西四城时，从上海而汉口，而西安，而兰州，而肃州，而喀什噶尔，数千万里绵延一线，宛如常山之蛇，节节呼应。他把这个"一气卷舒"的局势形容为："如琴瑟然，手与弦调，心与手调。"文襄公在西北的成功，就是这一种前后方圆满的配合在起作用。左宗棠如同一位钢琴大师，在数千万里的键盘上轻拨十指，演奏出一曲震古烁今的西进乐章，气魄可谓大矣！

第四，还要说到清政府。他们能信任文襄公，给他完全的权力。他们采纳文襄公眼光远大的主张，摒弃了李鸿章辈反对的议论，拒绝和修正了英俄两国的无理要求。文襄公的成功，也就是这一种内外一致的局面在起作用。

上述四点分析，精辟而全面。正是因为以上原因，是左宗棠而不是其他人在西北干出了一番轰轰烈烈的大事业。左宗棠的名字将永远与中国的西北连在一起。

第9章

未能大伸挞伐，死不瞑目

1881 年 2 月 25 日，左宗棠从西北应召入京，27 日，清廷发布上谕，命大学士左宗棠管理兵部事务，在军机大臣上行走，并在总理各国事务衙门行走。左宗棠由一个地方大员入值军机，进入清朝统治的核心层。此后五年，他先在畿辅练兵、治河、禁烟，后又外放任两江总督，在大江南北兴修水利，改良盐政，振兴洋务，加强海防，最后，再度南下督师，在中法战争的硝烟中走完了传奇的一生。

一、宣劳畿辅，系心于国计民生

左宗棠第一次入值军机的时间很短，前后只有八个月。在这期间，他的主要活动涉及练兵、治河、禁烟三个方面。

清廷命左宗棠管理兵部事务，他向朝廷建议，挑选神机营中年青力壮的兵丁陆续入营训练，由久经战阵的楚军将士杂置其间，教以筑垒、开壕、行路、结阵诸战法。4 月，左宗棠与醇亲王奕譞、神机营大臣会商，均认为练兵为当务之急，志在必行，并打算从八旗养育兵丁闲散中挑选新兵五千人，编立成营，由楚军加以训练。但由于户部财政困难，现有的例发之饷尚感拮据，如果再增加练兵之饷，经费更显不足，而且还要兼办顺天、直隶水利，两事集于一时，经费更难筹措。在此情况下，左宗棠只得建议先修水利，暂缓练兵。

由于畿辅一带屡遭永定河水患，左宗棠提议大治永定河，其具体办法是：源流并治，下游宜令深广，以资吐纳，上游宜多开沟洫，以利灌溉。他调所部官兵修顺天直隶上游，其下游如津沽各地仍由直隶总督李鸿章经理，上下并举，通力合作。5月下旬，王德榜、王诗正率左宗棠亲军十二哨和左营勇夫二千人到涿州永济桥，动工分段疏浚桑乾河。6月初，左宗棠亲赴工地查勘，并循河堤而下到天津，与李鸿章会商治河事宜。6月底，永济河工程完工，水由桥下涵洞东趋，十余年积患，一扫而空。此后，左宗棠又派王诗正率兵勇赴下游，修治卢沟桥以下的永定河，派王德榜去卢沟桥西北查勘永定河上游地形，并于秋季动工兴修上游水利工程。到12月底，清廷在上谕中说，直隶永定河下游工程，业经左宗棠督饬所部按照分派地段挑浚完毕，其上游一带，现已将筑坝、分渠等逐段次第兴办，地方相安，河务可期就绪。当时的报纸也称颂左宗棠以相位之尊，犹复沐雨栉风，宣劳畿辅，其系心于国计民生，诚无时而释怀。

鸦片问题也是左宗棠入值军机期间所关心的一件大事。1881年6月1日，他上《严禁鸦片请先增洋药土烟税捐折》，主张通过增加税捐的办法来禁烟。他针对鸦片之害指出，鸦片产自泰西、印度，由英国商人转贩而来，流毒中国，名为洋药。一旦吸食有癖，积渐成瘾，瘾重而形神交瘁，于是资倾家破，而身命随之。内地民众抛弃膏腴之地，以种罂粟，剢果取浆，名为土药。一开始被游手无聊之辈，视为寻常日用所需，不知禁令为何事，于是吸食者多，更成积重之势。由于华民吸烟者多，洋药的销路也日益通畅。至于如何禁烟，左宗棠认为，详查事宜，断非加洋药、土烟税捐不可。税捐加，则洋药、土烟之价必贵；价贵则瘾轻者必戒，瘾重者必减，由减吸以至断瘾，尚有可期。其具体办法是，每洋药百斤，统税厘合计，征实银一百五十两。若内地私种罂粟所造土烟，行销渐广，应即照洋药税则加捐示罚。他请求朝廷将此折交与王大臣、六部、九卿公同集议，择别是否，缕称具奏。

通过加增税捐来禁鸦片，虽是禁烟的有效办法，但实行起来绝非易事，关键要看鸦片主要输出国英国的态度。而英国驻华公使威妥玛对此并不积极，这就增加了实施这一方案的困难。10月19日，左宗棠根据清廷谕旨，又上《复陈增收洋药土烟税厘折》，结合各省关情况，提出"综核通行遵办"的总原则，不管是洋药还是土烟，均以洋药每百斤总收一百五十两（内关税三十两，厘捐一百二十两），土烟每百斤五十两为准，奏请清政府钦定颁行，遵照办理。清政府命总理衙门会同李鸿章妥议具奏。左宗棠后来得知李鸿章与威妥玛商议的结果是，每箱只加一百一十两，深表不满和失望，但也无可奈何。

入值军机，虽位高权重，但因在皇帝身边，事事需请示汇报，再加上朝中官员相互排挤、倾轧，反不如地方督抚坐镇一方，独当一面，干得痛快。左宗棠久任总督，长期在地方上叱咤风云，哪能受得这份束缚？再加上年老力衰，不时萌发退意。于是，在7月、8月两次奏请赏假养病后，9月、10月又连续两次以病奏请开缺。10月28日，清廷授予左宗棠两江总督兼南洋通商事务大臣。这正符合左宗棠长期以来有意总督两江的夙愿。

二、江南要政，以水利海防为急务

1882 年 2 月 12 日，左宗棠正式在南京接任两江总督。两江总督管辖江苏、江西、安徽三省，并兼南洋通商大臣，与直隶总督相比，权势相当，其管辖范围更大。这是左宗棠继闽浙总督、陕甘总督后第三次担任总督，与前两次不同的是，左宗棠这次担任总督的任务不是前来平乱，而是为了建设。此后两年间，他把主要精力都放在了经济和海防建设上。

左宗棠认为，江南要政，以水利、海防为急务。兴办水利和海防，苦于经费无措，又不得不于盐务中筹之。因此，江南要政，就不外乎水利、盐务、防务三大端。

左宗棠就任两江总督后，先后在大江南北兴办了多项水利工程。一是赤山湖工程。赤山湖地处句容县，承受茅山诸水入湖，分流经溧水、上元、江宁三县以达秦淮河。赤山湖因湖底既高，圩堤又薄，旱涝均受其害。左宗棠对其的治理方法是，添开湖河以畅其流，加筑圩堤以固其基，并修建桥闸以收蓄泄之利。这项工程包括赤山湖、通济门和带子洲等处堤闸沟道，共挑土方五十余万方，用银十八余万两。二是导淮入海工程。淮河是横贯安徽北部的一条大河，因黄河改道，夺其下游，使其入海通道淤塞，改由洪泽湖入长江。从此，淮河因河床抬高，泄水不畅，成为江北一条极易泛滥成灾的河流。1882 年 3 月，左宗棠就提出"引淮归海"的治淮方案，并亲自到高邮、清江、高良涧等地查看工程，随后运河西东两堤的修复相继完工。1884年2月，左宗棠又到清江，会同漕运总督杨昌濬等人，再次查看湖水出路及引河入海情况。通过调查，他又拟订出导淮入海的新方案。导淮入海是一项大工程，始于曾国藩，继有吴元炳、刘坤一、张之万等人，左宗棠也为这项工程出了一份力。三是朱家山工程。朱家山在安徽滁州、来安、全椒地段，众山环绕，山水三面下注，兼受定远、合肥之水，至三汊河汇流，绕六合二百余里河道而达于长江。当山水陡发之时，河流迂缓不能骤泄，致使滁州、来安、全椒、江浦、六合五属，圩田悉遭水患。此工程需炸山开河，历时两年才竣工，共挑土方三百三十一余万方，石工二十五余万方，用银十七余万两。

在改良盐务方面，左宗棠通过研究和考察，认为"舍复岸增引别无可图"。其具体措施和办法是：一，讲求盐质；二，裁减杂款规费；三，加强缉私；四，先行官运以导商。此项改革尽管困难重重，特别是面临着川盐的激烈竞争，但淮盐的销路还是日有起色，已恢复到道光时期两江总督陶澍在任时的水平。

两江是洋务运动的发轫地，洋务企业众多。左宗棠在任职期间，将洋务与盐务并重，其洋务活动主要有以下方面：一是支持与发展原有的洋务企业，如对江南制造总局和金陵机器局的发展都给予支持。二是支持由商人集资兴办工矿交通企业，如支持徐州利国驿煤矿"招商集资"；为安徽池州煤铁局"集资拓办"，向朝廷"恭折具陈"；为抵制外人插手，派熟悉洋务的道员王之春等与总办电报局道员盛宣怀专办沿长江架设电线事宜。三是反对外国在华设纺织厂和在黄埔买地。

两江也是海防重地，左宗棠对此也极为重视。在设防地点上，他认为吴淞口南北宽不过十里，狼山、福山口南北宽百余里，由此冲入长江，其势甚顺，因此，此时防长江海口，应以狼山、福山为重，兼顾吴淞口，才能周密。他主张改进设备，增强防御力量。1882年9月，在《会商海防事宜折》中向朝廷表示，计划增制快船五只，需筹银一百五十万两；拟造小轮船十只，每只需银八万两，共银八十万两；两项船价共需二百三十万两，他准备从淮盐增引和其他杂款中设法筹措。

在队伍建设上，他除了整顿和训练旧有的陆营和水勇外，还计划就地培养轮船驾驶人才。特别值得一提的是，他建议挑选当地的渔户水手中的健壮者四五千人，皆就近编入保甲，选择适当之地，设团防局。每月各团壮丁操练两次，一次不过二三日，每名每日给口食钱一百文，团长及教习、甲长等按月酌给薪粮。凡技艺超群者，挑为水勇，优给口粮，编入现有之艇船、舢板船，以及仿造的蚊子船、定造的轮船，以广登进。1883年8月，吴淞设立渔团总局，随即各地厅州县亦相继筹办。10月，左宗棠由南京乘船东下，校阅各地渔团。1884年1月，他上奏朝廷，提出创设渔团章程，包括颁示谕、清户口、立团所、定操期、明赏罚、给军械等。朝廷命其督饬属员核实经理。

为了检验江海防务，鼓舞士气，以壮声威，左宗棠在两江任上曾四次出巡上海，其言行举止，充分显示了他坚决抵抗外国侵略的坚定意志。

1882年6月，左宗棠第一次带亲兵数百人到上海，租界工部局竟以结刀持械通过须照会为由阻拦。左宗棠不禁大怒，声称："上海本中国地，外人只租借尔。以我中国军人行中国地，何照会之有？"他命令所有亲兵枪实弹，刀出鞘，做好战斗准

121

备。结果，洋人服软，赶忙清除道路，换升中国龙旗，发炮十三响，观者如堵，惊诧此为从来未有之事。

1883年3月，左宗棠第二次到上海。这次洋人态度有很大变化。左宗棠在家信中写道："到上海时，中外官绅陈设香案，亲兵及在防各营列队徐行，老稚男妇观者如堵，而夷情恭顺，升用中国龙旗，声炮致敬，较上次尤为有礼。"

这次出巡完毕，左宗棠与巡阅长江水师的彭玉麟会晤于吴淞口。彭玉麟，字雪琴，湖南衡阳人。早年与杨载福统领湘军水师，与杨同为湘军水师名将。1868年，与曾国藩奏定长江水师之制。后归隐乡下，种树灌园。因长江水师松懈，朝廷诏复视师，命其巡阅长江，专折奏事。1881年，诏命署两江总督，辞不就。中法战争期间，曾奉命赴广东督办海防。这两位老臣对外一贯强硬，谈及江海防务和赶办船炮各事，豪情满怀。左宗棠说："但能破彼船坚炮利诡谋，老命固无足惜，或者四十余年之恶气借此一吐，自此凶威顿挫，不敢动辄挟持要求，乃所愿也。"彭玉麟也说："如此断送老命，亦可值得！"

1883年10月，左宗棠第三次到上海。洋人得知左宗棠前来，在租界搭架，码头迎候，比上次尤为恭谨。

1884年2月，左宗棠第四次到上海。他身穿黄马褂，坐绿呢大轿，气象威严，精神矍铄。一到上海，黄浦江中兵轮及英、美等国兵轮均升炮，兵丁持枪站桅，鞭炮万响。中外士女瞻望丰采者，几无驻足之地。外国洋行和英、美、德、俄、奥等国领事，均前往坐船晋谒。左宗棠的威名可见一斑。

正当左宗棠加强江海防务之际，法国正加紧侵略越南，威胁我国云南和广西等地，中法之战一触即发。1883年5月，清政府谕令左宗棠，就中法形势，悉心筹划，迅速奏闻。8月15

日，左宗棠上《敬筹南洋应办边务机宜折》，明确表示要对法强硬，及时应对。他指出法国始则欲以西贡为屯兵之所，继则扬言进攻广东，大致我愈俯则彼愈仰，我愈退则彼愈进。现在越南难与图存，刘永福未可深恃。越南若不存，将成西南巨患；刘永福一失，越南全境无与支持，倘为法人所用，更贻滇、粤之患。事机纷乘，间不容发。现在为之，已苦其缓；若再置之不理，西南之祸岂有穷期？他向朝廷表示，已命部下王德榜调募广勇数营，驻扎滇南、粤西边防要地，相机而动。自己待江南诸务布置妥当，将率新募各营回湖南继进，以赴戎机，断不敢置身局外，有负皇恩。清廷命他听候谕旨遵行。

由于年龄和健康的原因，七十多岁的左宗棠此时已难以坚持正常工作。1883 年 11 月，他上奏请求开缺回籍调治。朝廷赏假两个月，安心调理，毋庸开缺。1884 年 1 月，他又以目疾难期痊愈，恳请准予开缺回籍调治。这次朝廷准其开缺，赏假四个月回籍安心调理。4 月，假期未满，因中法战事紧张，左宗棠即行销假。5 月，清廷命左宗棠即刻来京陛见。

三、移福建巡抚驻台湾，以资震慑

1884 年 6 月 18 日，清廷发布上谕，着左宗棠仍在军机大臣上行走。因年迈加恩毋庸常川入值，遇有紧要事件，预备传问，并着管理神机营事务。

这是左宗棠第二次入值军机，时间更短，仅两个多月。就是在这极短的时间内，他竟被人弹劾，受到三次处分，朝中倾轧之烈由此可见。

此时，因法国撕毁中法《天津简明条约》，故意向中国军队挑衅，中法战争再起，而且规模进一步扩大。8 月，法国舰队进攻台湾基隆，并向福建水师发动突然攻击，导致福建水师全军覆灭，马尾船厂也遭到破坏。8 月 26 日，清政府正式对法宣战。

在京的左宗棠时刻关注着战局的发展。他在与工部尚书翁同龢及醇亲王奕谖共议中法战事时，坚决主战。9 月 4 日，他往见醇亲王，要求代为请旨统兵出征。奕谖记述当时的情形是："左相向晦来谈，仍是伏波据鞍之慨，其志甚坚，其行甚急。已嘱其少安毋躁，十八日代为请旨，始去。"9 月 7 日，清廷发布谕旨，命左宗棠为钦差大臣，督办福建军务。

1884 年 12 月 14 日，左宗棠在他时隔 18 年后第二次进驻福州。左宗棠的到来，在福州引起轰动。在他下榻的行辕福州北门皇华馆，有人在大厅内挂一副楹联：数千程荡节复临，水复山重，半壁东南资保障；亿万姓轺车争拥，风清霜肃，十闽上下仰声威。充分表达了福建人民对左宗棠的崇敬和期盼之情。

左宗棠到福州后，立即与福州将军穆图善、闽浙总督杨昌濬会商，积极筹划海防事宜，抵抗法国的侵略。当时法军已攻陷台湾基隆，正进攻淡水，封锁整个台湾。督办台湾军务的刘铭传不断向大陆求援。左宗棠认识到，台湾为南北海道咽喉，关系甚大，倘有疏失，不但全闽震动，即沿海各省隘口，不知何时解严，因此，目前军务，实以援台为急。他与两江总督曾国荃商议，拟调派南洋兵轮五艘，并咨商直隶总督李鸿章抽调北洋兵轮四五艘，开赴上海取齐。又请旨命帮办军务大臣杨岳斌，统带湖南八营，由汉口附搭轮船赴沪，配载兵轮，先趋厦门暂泊，乘机渡台。到福州后，左宗棠一面命前江苏题奏道王诗正统领恪靖亲军三营，陆续开赴泉州、蚶江一带，准备渔船，扮作渔人，黑夜偷渡。一面又派江苏候补道陈鸣志克日渡台，会商台湾镇、道及地方绅士，妥筹恢复基隆之策。他甚至还准备亲赴台湾督战。

1885年2月，王诗正、陈鸣志等部乘高价雇用的英轮陆续渡海，抵达台南，3月初，开赴台北，与法军接仗。3月19日，杨岳斌率所部各营自卑南登岸，抵达台湾府城，台湾的局势渐趋缓和。

在派兵援助台湾的同时，左宗棠还积极部署福建沿海防务。他命各营分扎长门、金牌、连江、东岱、梅花江各要口，严密巡防。在长门、金牌等入口最要之地，派按察使裴荫森、道员刘倬云星夜督工，竖立铁桩，横以铁缏，没入水中，安设机器，随时捩转起落，以便我船出入，敌船至则起缏拦阻。福州将军穆图善即在此驻军，亲自调度。距省城三十里的林浦、魁岐及闽安右路出海之梅花江，概经垒石填塞，仅容小舟来往。以上各处，均建筑炮台，安放炮位，派兵驻守。1885年2月，左宗棠、杨昌濬又先后离开福州，到南台、林浦、马江、闽安南北岸和长门、金牌等地巡视。此外，左宗棠还沿用两江的经验，派人分赴福州、福宁、兴化、泉州四府各海口，会同地方官及本籍绅士，办理渔团。

1885年3月，清军在广西取得镇南关大捷。左宗棠虽远在福建，但与此战胜利却大有关系。此战的主力之一是王德榜所率的"恪靖定边军"，而这支军队正是在左宗棠请旨下组建的。王德榜，原籍广东东莞人，迁居湖南江华。后随左宗棠转战浙江、福建，劳绩颇著，由左宗棠保举为福建藩司。随左宗棠入粤，削平各县巨匪，围攻嘉应州，消灭太平军余部。事后回籍，读书养亲。后闻左宗棠奉诏入陕甘，乃招募旧部一营入陇从征。左宗棠知其英锐有胆智，令兼统数营，独当一路，历战有功。左宗棠奉命入京，王德榜随从移营畿郊，会治桑乾河。之后，又随左宗棠在江南治水。中法局势紧张之际，王德榜正在湖南老家省墓。左宗棠命其就近侦探，明晰禀复，听候调遣。此后，左宗棠又命其招募楚勇七八营、粤勇二三营，合成十营之数，并由两江提供部分经费，命名为"恪靖定边军"。左宗棠还从亲兵中遴选忠勤勇敢、久经战阵者三四十员，发给王德榜差遣。左宗棠在就任钦差大臣、督办福建军务后还写信告诫王德榜：现在朝命主战，务要尽心竭力，有机即图，不可畏难，不可轻率。倘真不如从前出力，贻举者羞，不待他人列参，我先劾之。这等于给王德榜下了一道只准拼死一战的死命令。王德榜果然不负左宗棠所望，后来统率这十营"恪靖定边军"，进驻凉山、镇南关一带，与冯子材部一道，英勇作战，取得了震惊中外的镇南关大捷。王德榜是左宗棠手下大将，他的这支部队是在左宗棠请旨后组建的，因此，"恪靖定边军"参加镇南关大捷也可以看作是左宗棠对中法战争的一大贡献。

镇南关大捷后，中法战争的形势发生逆转，但清政府却抱定"乘胜即收"的方针，命令前线各军停战撤军，加紧与法国议和。左宗棠对此表示不满，4月18日，他在《密陈要盟宜慎防兵难撤折》中明确指出，我若概从所请，则失地未还，防兵先撤，万一法国狡焉思逞，而事机已失，言战则要害已为所乘，言和则口舌未能有济，悔无及矣！因此，沿海重兵不可因目前请和，遽议裁撤。但清政府妥协议和的方针已定，最后法国在谈判桌上获得了既定的目标，中国落个"不败而败"的结局。

中法战争结束后，左宗棠已进入垂暮之年。但他仍心系中国海防，在临终前的一个多月还提出两项与中国海防关系重大的建议：一是专设海防大臣，二是台湾建省。1885 年 7 月 29 日，他在《复陈海防应办事宜请专设海防全政大臣折》中，明确指出，中国水师不力，主要是因为内外政事每因事权不一，办理辄形棘手。今欲免奉行不力之弊，莫外乎慎选贤能，总持大纲，名曰海防全政大臣，或名海部大臣。凡一切有关海防之政，悉由该大臣统筹全局，奏明办理，给予选将、练兵、筹饷、制船、造炮之全权。如此，则权有专属，责无旁贷，成效可立见。在此折中，左宗棠还就筹办海防提出七条建议，包括师船宜备造、营制宜参酌、巡守操练宜定例、各局宜合并、经费宜通筹、铁路宜仿造、士气宜培养等。此建议很快被清政府采纳，两个月后，1885 年 10 月，清政府设立总理海军事务衙门，派醇亲王奕譞总理海军事务，所有沿海水师悉归其节制调遣，庆郡王奕劻和李鸿章会同办理，先从北洋精练水师一支，由李鸿章专司其事，这就是后来的北洋水师。

同一日，左宗棠又上《台防紧要请移福建巡抚以资震慑折》，对台湾的重要性及建省的必要性进行了详细的分析。他指出台湾虽系岛屿，但绵亘有一千余里，旧制设官之地，只占滨海三分之一，每年收榷关税，比广西、贵州等省，有盈无绌。以形势而言，台湾孤注大洋，为七省门户，关系全局，其中如讲求军实，整顿吏治，培养风气，疏浚利源，在在均关紧要。非有重臣以专驻之，则办理必有棘手之处。他比较了此前各种意见，赞成侍郎袁保恒所请，将福建巡抚改为台湾巡抚，所有台湾一切应办事宜，概归该抚一手经理，使事有专责，于台防善后大有裨益。

台湾建省，酝酿已久。早在 1874 年 12 月日军退出台湾后，办理台防事务大臣沈葆桢就奏请将福建巡抚移驻台湾，并认为此举有十二便。此后，闽浙总督李鹤年、福建巡抚王凯泰也有此意。1877 年 1 月，刑部侍郎袁保恒奏请改福建巡抚为台湾巡抚，常川驻守，经理全台，其福建全省事宜，专归总督办理。左宗棠此份奏折，就是重提袁保恒之议。

1885 年 10 月 12 日，清政府采纳了左宗棠的建议，将福建巡抚改为台湾巡抚，移驻台湾，福建巡抚事宜由闽浙总督兼理，并委派刘铭传为首任台湾巡抚。从此，台湾成为中国的一个行省。台湾建省是清政府加强海防的需要，是十多年来诸位朝臣一再提议的结果，但最后是左宗棠的奏折将其变成了现实，因此有人说，台湾建省，始于沈葆桢，成于左宗棠。

1885 年 9 月 5 日，左宗棠病逝于福州，享年七十四岁。他在临终前口授的遗折中说：臣以一介书生，蒙文宗显皇帝（咸丰皇帝）特达之知，屡奉三朝，累承重寄，内参枢密，外总师干，虽马革裹尸，亦复何恨！而越事和战，中国强弱一大关键也。臣督师南下，迄未大伸挞伐，张我国威，怀恨生平，不能瞑目！他在分析中国面临的严峻形势后，希望朝廷采纳诸臣有关海军之议，凡铁路、矿务、船炮各政，及早举行，以策富强之效。最后他规劝皇上益勤典学，无怠万机，日近正人，广纳谠论。移不急之费，以充军食；节有用之财，以济时艰。上下一心，实事求是。臣虽死之日，犹生之年。

左宗棠在这份遗折中，既感激朝廷对自己的知遇之恩，表达了自己壮志未酬、死不瞑目的遗憾；又提出诸多富强之策，规劝皇上发愤图强，扭转危局，充分反映出一位鞠躬尽瘁的老臣对朝廷的忠心，对富强的向往。

第 10 章

豪迈之气，俯视一世

左宗棠是中国近代史上一位颇具传奇色彩的人物。他出身农家，仅有举人功名，年过四十还是一介布衣。正当他准备读书耕田终老乡下之时，农民起义的飓风将他卷起，经过八年幕府的锤炼后，他靠镇压农民起义的军功，仅用三年时间，就由一四品京堂候补擢升为坐镇东南的闽浙总督。此后他奉命西征，平定陕甘，收复新疆，更是立下不世之功。班师回朝后，两入军机，总督两江，最后督师南下，在抵抗外国侵略的战争中走完自己辉煌的一生。左宗棠临死前以未能大伸挞伐，张我国威而死不瞑目，其实，就他的一生而言，又何憾之有！看看时人及后世对他的评价，左宗棠足以含笑九泉，傲视古今。

一、忠君爱国，直做到全始全终

左宗棠去世后，清廷即发布上谕，称他学问优长，经济闳远，秉性廉正，莅事忠诚。追赠太傅，照大学士例赐恤，加恩予谥文襄，入祀京师昭忠祠、贤良祠，并于湖南原籍及立功省份建立专祠。其生平政绩事实宣付史馆，一切处分悉予开复。

左宗棠谥号"文襄"，故后人称之为"左文襄公"。关于这一谥号的由来，也有一些说法。在清代，一些有功之臣去世后，朝廷往往根据其生前的表现赠予谥号，表彰其一生的功绩。时人对此极为看重，以后提到本人都用谥号来代替，编印的文集也以谥号冠名。谥号由两个字组成，如是大学士，或一二品大员是翰林出身，第一个字照例用"文"字，第二个字则根据生前表现，分别有正、忠、襄、恭、定、端、勤、简、穆等字可供选择。

传说，左宗棠去世后，由大学士额勒和布，协办大学士阎敬铭、恩承会同选定的四个字就有"忠"字在内。呈达御前时，慈禧太后觉得"忠"字不足以尽左宗棠生平，便垂询军机大臣，问除此之外还有什么能够表扬左宗棠平定西北的好字眼。于是，有人就提出"襄"字，并举例说，乾隆年间福康安就以武功谥文襄，不过咸丰三年奉先帝面谕：文武大臣或阵亡或军营积劳病故而武功未成者均不得拟用襄字，所以内阁不敢轻拟。慈禧又问，本朝谥文襄的是什么人？回答说有靳辅。慈禧问，靳辅有武功吗？回答说，靳辅是治河名臣，自康熙十六年任河督，到四十六年病故任上，尽瘁河务三十年，襄赞圣上，与开疆辟土无异，所以特谥文襄。慈禧听罢便说，要说开疆辟土，左宗棠也称得上，就谥文襄吧。

清廷赠予左宗棠什么谥号，只是代表清政府的意见，更多的是官样文章，不足以对左宗棠盖棺论定。倒是左宗棠的同僚与故旧的评价，更显真实与亲切，读来也更令人感动。闽浙总督杨昌濬与左宗棠为同乡布衣之交，共事日久，相知最真，他在左宗棠去世后，上《请将左宗棠勋绩宣付史馆折》，对左一生功绩给予高度评价，称赞左"扬历中外，久任巨艰，凡有利于国家之事，知无不言，言无不尽，见无不为，为无不力。其果敢之气，刚介之风，足以动鬼神而振顽懦"。针对有人议论左宗棠有专断擅权、气量狭小、性情急躁之弊，杨昌濬认为这是不知左宗棠用意之所在，左外严厉而内慈祥，所至之处，威惠并行。看其治关陇、平新疆，桀黠者诛之不遗余力，归义者待之不设疑心。甘肃安插回众十余万，至今安居无猜，没有复叛者，固然是由于措置得宜，也是因为恩信久孚。其督师出关，筹兵、筹饷、筹粮、筹转运，无一不难，人莫不以为危，而左宗棠精心独运，算无遗策，不数年终将全疆恢复，畅扬皇威，震惊中外。读其疏稿，见其精神力量贯彻始终，决非侥幸成功者所能比。左宗棠尝以诸葛亮自命，杨昌濬认为，观其宅心淡泊，临事谨慎，鞠躬尽瘁，以终王事，可谓如出一辙。至于遭际圣明，荷三朝知遇之恩，以成其不世之勋，则超越前贤远矣。杨昌濬不愧为左宗棠的知己，他对左一生的功绩和品格颂扬可谓极矣。

兵部尚书衔、甘肃新疆巡抚刘锦棠与左宗棠有乡子弟之谊，相知最深。他在《左宗棠功在西陲吁恳宣付史馆折》中，对左宗棠在西北的功绩、学问和待人等方面也给予极高评价。他说，左宗棠任事，无论精粗巨细，必从根本做起，而以力行为要。刘锦棠对左宗棠的学问极为佩服，在奏折中说，左宗棠素性嗜学，博通经史，对舆地掌故，无不追宗探赜，得其指归。凡有设施，援古证今，不泥不悖。虽入官以来日夜宣勤，未暇著述，然军书旁午，批答如流，奏章书牍都出自亲手，连篇累牍，无异于著述等身！左宗棠待人，开诚布公，取长略短，奖励诱掖，唯恐不至。对于旧僚宿将及共患难者，更是念念不忘。爱人而不流于姑息，疾恶而不伤于苛细，精察明断，公正持平。刘锦棠二十余岁时，就与叔父刘松山一道，随左宗棠转战西北，刘松山死后，他任老湘营统领，是左宗棠平定西北、收复新疆的最得力干将，他对左宗棠感情之深自不待言，敬佩之情也溢于言表。

与奏折、祭文这些面面俱到的长篇大论相比，挽诗、挽联对人的评价则以短小精当见长。林世焘其人知名度不高，但他为左宗棠所写的挽诗则颇有特点，其诗云：

> 朝廷破格拜平章，主圣臣贤国运昌。
> 人间起居真宰相，天生哲彦佐君王。
> 奇才自比惟诸葛，重望咸推再李纲。
> 绝口不言和议事，千秋独有左文襄。
> 垂老犹思万里行，盐梅慷慨作干城。
> 远辞帝阙能无恨，誓灭匈奴不并生。
> 报国未终身竟殒，救时空切掌孤鸣。
> 两朝开济臣心尽，赢得忠贞百世名。
> 一生最恨是和戎，正直无私相业隆。
> 宇宙丰功名不朽，云霄浩气死犹雄。
> 渡河义愤宗留守，砥柱勋劳郭令公。
> 梁坏山颓谁继起，遗容长仰大臣风。

此首挽诗虽不免有些溢美之词，但作者抓住了左宗棠对外一贯强硬，积极主张抵抗外国侵略的鲜明个性，突出了左宗棠在近代反侵略战争中的历史功绩，给人留下深刻的印象，特别是"绝口不言和议事"，"一生最恨是和戎"，"报国未终身竟殒，救时空切掌孤鸣"等句堪称经典。

同僚和故旧给左宗棠写的挽联也不乏传世之作。如李鸿章写的挽联是：周旋三十年，和而不同，矜而不争，唯先生知我；焜耀九重诏，文以治内，武以治外，为天下惜公。李鸿章与左宗棠同朝为官三十年，是曾国藩死后，唯一能与左宗棠比肩的"中兴名臣"。只可惜两人始终意见相左，互不服气，关系疏远。李鸿章这副挽联倒也实事求是，客观公正，既言明两人和而不同，又高度赞扬左宗棠的文武功绩。

翁同龢出身显赫，长期在京城做官，是光绪帝的老师和股肱之臣。1881年左宗棠奉诏入京，任军机大臣。翁同龢曾前往拜见，两人相谈甚欢，左宗棠给他留下的印象是："其豪迈之气，俯视一世。"左宗棠去世后，他写的挽联是：盖世丰功犹抱恨，临分苦语敢忘情？翁同龢后来因支持光绪帝变法而被慈禧太后开缺回籍，其抱终天之恨更甚于左宗棠远矣！

彭玉麟是湘军水师名将，左宗棠任两江总督时，彭玉麟巡阅长江水师，两人在吴淞口曾慷慨激昂，共商海防之策，愿为抵抗侵略战死疆场。他为左宗棠写的挽联是：公是诸葛一流，膺专阃廿有八年，旋乾转坤，最难得不矜不伐；我道汾阳再世，历中书二十四考，忠君爱国，直做到全始全终。评价之高，可谓无以复加。

曾国荃是曾国藩之弟，与左宗棠相知较早，后又接替左宗棠任两江总督。他写的挽联是：佐圣主东戡闽越，西定回疆，天恩最重武乡侯，前后逾三十年，实同是鞠躬尽瘁；维贤臣生并湖湘，位兼将相，地下若逢曾太傅，纵横已万余里，庶无负以人事君。赞扬左宗棠，不忘将老兄曾国藩并提，真不愧是湘军一脉，乡谊情重。

杨岳斌的挽联是：相从海上视师，我为前驱，翻成一哭；同是关中持节，公无遗憾，独有千秋。此联乍看起来没有什么特别之处，但若了解杨岳斌的生平和遭遇，就发现他是有感而发。杨岳斌与彭玉麟并为湘军水师名将。1864 年，曾国藩命彭玉麟驻九江，上控湖北；杨岳斌驻南陵，下控苏皖。左宗棠曾密荐杨岳斌才可任封疆。此时，陕甘局势日益严重，清政府将正在江西督办军务的杨岳斌调为陕甘总督，带所部湘军西征。杨岳斌急于求成，未清后路，先入兰州，结果导致后路被截，饷道中断，甘肃本省又无饷可筹，民饥相食，兵饥溃变，杨岳斌坐困兰州，一筹莫展，不得不向朝廷称病乞退，于是才有左宗棠接任陕甘总督，再次西征。左宗棠后来正是接受了杨岳斌的教训，先清后路，再入兰州，最终平定陕甘，可以说，杨岳斌的失败等于替左宗棠交了学费。此后数年，杨岳斌一直在家养病，曾往四川拜访湘军名将鲍超，仍对当年在陕甘的惨败后悔不已。中法战争期间，杨岳斌被重新起用，帮办军务，率师入闽，归左宗棠节制，后由泉州乘船渡台，与刘铭传共守台湾。杨岳斌的挽联正是反映出他与左宗棠在西北与东南的两次交往。他未能抓住机遇，在西北落败而归，而左宗棠则因势成就一番大事业。同样的机会，因才能高低的不同，导致两种完全不同的结果，谁能说左宗棠的成功是侥幸而来？

二、与曾国藩、李鸿章应有所区别

左宗棠与曾国藩、李鸿章同为"中兴名臣"，一同镇压太平天国，一同倡办洋务，一同被后人称为洋务派。这种相似的经历当时给左宗棠带来诸多荣誉，后来又给左宗棠带来诸多麻烦。与曾国藩、李鸿章的比较，成为后人评价左宗棠的要害所在，褒也由此，贬也由此。

左宗棠靠镇压农民起义起家，后又平定陕甘，收复新疆，清廷上下对左宗棠歌功颂德、树碑立传自不待言。但到了20世纪初年，以推翻清朝专制统治为己任的资产阶级革命党就开始骂左宗棠是"汉奸"。同盟会的机关报《民报》在临时增刊《天讨》上，以"过去汉奸之变相"为题，刊登人面兽身的曾、李、左的画像，左宗棠被画成人面狗身。他们从反满的立场出发，将为清朝卖命的汉族官僚统统视为"汉奸"，完全是出于革命宣传的需要，激情多于理智，不足为训。

民国初年，国内外学术界对左宗棠研究不多，直到20世纪30年代，随着开发西北热潮的兴起，左宗棠开始引起人们的关注，其中最有名的成果就是秦翰才所著的《左文襄公在西北》一书。秦翰才因阅读左宗棠的家书、文集，而与左宗棠结缘，此后不断收集有关资料，想编成一本记述左宗棠的书。抗战期间，他为了便于了解左宗棠在西北的事业，竟然放弃了在陪都重庆的工作，不辞辛苦地来到甘肃水利林牧公司，其精神和举动令人钦佩。此后他在开发西北的热潮鼓舞下，写成了《左文襄公在西北》一书，1945年由商务印书馆在重庆出版。他当时编辑此书只为满足以下几种旨趣：（一）表扬左公经营西北的功业；（二）阐发左公认识西北的事实；（三）唤起今人研究西北的兴趣；（四）鼓动今人建设西北的精神，并不预备写成一部谨严的史传。秦翰才此书正如书名所示，重点是表扬左宗棠在西北的事业，特别是对左宗棠在西北的建设事业叙述极为详尽，不仅在当时具有现实意义，今天也不失为研究左宗棠在西北的经典之作。1984年岳麓书社重印此书，左宗棠在西北的功绩得以彰显，作者在极其困难的条件下付出的心血得以铭记。

20世纪40年代，马克思主义史学家范文澜在《中国近代史》上册"伊犁交涉"一节中，对左宗棠作如下评价：左宗棠是极端反动的屠户，不可数计的汉、回各族人民被他惨杀了。他出兵新疆，虎狼般杀害南北疆人民，同在关内一样，对人民犯下了极大的罪行。不过，他在击败阿古柏这一点上，阻遏了英国及其附庸土耳其的侵略野心，挽救了祖国的一部分疆土和一部分人民，这个功绩是不可抹杀的。他和曾国藩、李鸿章都是万恶的民贼，但在这一点上，也仅在这一点上，他和曾、李二贼却应有所区别。很明显，在范文澜看来，左宗棠与曾国藩、李鸿章都是屠杀人民的民贼，但左宗棠因击败阿古柏，有一点点与曾、李不同，也就说，曾、李是应该全盘否定的反对派，左宗棠同样也是应该否定的反动派，只不过还有一点值得肯定的地方。

由于范文澜在中国近代史研究中的开创性地位，因此，从20世纪50年代到70年代，大陆官方和史学界对左宗棠的评价大体按照范文澜定下的基调：既因他镇压太平天国、从事洋务运动而将其与曾国藩、李鸿章一同视为代表地主阶级利益、维护清朝统治的反动派，加以否定，又因他收复新疆、捍卫国家领土和主权完整有功，而与曾、李有所区别。大体说来，曾国藩因为是镇压太平天国的"罪魁"，李鸿章因为一贯对外主和、签订诸多卖国条约，两人几乎被人用脏话骂尽，而左宗棠因收复新疆有功，还有那么一点点值得肯定的地方，评价略高于曾、李。

20世纪80年代，随着改革开放和思想解放，官方和史学界对左宗棠的评价发生了根本性的变化，而且特别强调他与曾、李的区别。董蔡时在1984年出版的《左宗棠评传》中，认为左宗棠是第一次鸦片战争中的抗英派，镇压农民起义的反动派，洋务运动中的爱国派，"塞防"与"海防"之争中"塞防"派（爱国派），中俄伊犁交涉中的抗俄派，中法战争中的抵抗派，而且在上述几次反侵略斗争中，他都起到了中流砥柱的作用。很明显，作者对左宗棠是整体肯定的，只是否定他镇压农民起义这一点。作者还在本书的前言、正文和结束语中，处处将左宗棠与李鸿章加以比较，说李鸿章是大地主、大买办阶级的代理人，左宗棠是地主阶级改革派；李鸿章是投降派的罪魁，左宗棠是爱国派的首领。左宗棠投入洋务运动的动机、走的路子以及实际效果，都与李鸿章不同，他是洋务派中的爱国派，而李鸿章则是洋务派中的卖国派，是不能也不应该把他们两人不加区别的。此书扬左抑李倾向非常明显，李鸿章处处与左宗棠作对，几乎成了左宗棠的敌人。

1985 年，杨东梁在《左宗棠评传》一书中，对左宗棠也给予较高评价，整体上也是肯定的，也同样强调左与曾、李的区别。他指出，多年来，人们一直把左宗棠和曾国藩、李鸿章相提并论，旧史家们均称之为"中兴名臣"，而新中国成立后史学界的一些同志则贬之为刽子手。其实，这都只看到了他们在某方面的共同点，而没有进行全面的考察，从而找出其存在的区别。固然，在镇压农民起义、维护封建统治方面，他们是共同的，但是在抵抗外来侵略、捍卫国家民族利益的重大问题上，他们的态度和行动却截然不同。这一重要区别，就决定了他们在历史上的不同地位。我觉得，左宗棠表现出来的强烈的爱国主义思想和他为中华民族建立的功绩，必须予以肯定。

到了 90 年代，对左宗棠的评价还是延续整体肯定，只否定其镇压农民起义这一点。如孙占元在《左宗棠评传》中所说：反对外国资本主义的侵略以争取民族独立、引进西方资本主义的科学技术和机器生产以促进中国的近代化，是其功绩；站在人民起义的对立面，维护与拯救清王朝统治的举措，是其过失。

进入 21 世纪，对左宗棠的评价仍然很高，而且还是在强调他与曾国藩、李鸿章的不同。沈传经、刘泱泱在《左宗棠传论》一书中，对左宗棠一生给予极高评价，同时也一再强调他与曾、李不同。如在评价左宗棠镇压太平天国时，作者指出，左宗棠从幕僚起家，初期参与镇压太平军的谋划，地位低微；待至亲身统兵作战，仍从属于曾国藩，并且已是太平天国起义的后期，因而他在镇压太平天国起义中的历史罪责，不可与曾国藩相提并论。论罪，左宗棠不如曾国藩大；论功，左宗棠的建树又比曾国藩多。联系到左宗棠一生的历史活动，我们更不应笼统地将左宗棠说成与曾国藩为"一丘之貉"，恣意贬谪。在本书的最后，作者总评说，左宗棠一生的主流是好的，是一贯爱国并顺应历史潮流发展的，晚节也是好的。他有功有过，功远多于过。他是一位在近代中华民族解放运动史上作出过重大贡献，并在总体上顺应了历史潮流发展的人物，对左宗棠在中国近代史上的地位和作用，应该给予高度的肯定。

综合以上分析，目前史学界对左宗棠的评价基本上达成了共识，那就是，左宗棠是一位值得高度肯定的历史人物，他在抵抗外来侵略方面的表现尤为突出，在近代史上可以说无人能比，他镇压农民起义的过失虽无法否认，但这只是次要的方面，不能因此而否定他为中华民族作出的巨大贡献。左宗棠与同时代的曾国藩、李鸿章有明显的不同，不能笼统看待。对具体人物要进行具体分析，动辄以派别为界分出敌我，往往会把复杂的历史人物简单化，这是我们应该避免的。

三、非常之世的非常之人

左宗棠辞世距今已有一百二十余年，今天的中国与左宗棠的时代也迥然不同。尽管历史学家仍会对左宗棠的历史功过进行争论和评说，但一般读者更感兴趣的是他成功的原因及独特的个性。左宗棠的事业也许会随着时间的推移，逐渐为人所淡忘，但他的传奇人生和鲜明个性对后来者将具有永恒的吸引力。

草根出身，大器晚成

在左宗棠所处的时代，一个人的家世和出身对个人前途影响非常大。家世显赫才能接受良好教育，安心科举；科举得中才能获得做官的资本。从左宗棠的家事和出身来看，他当时出头的机会非常小。家贫得几乎揭不开锅，遇到灾年只能吃糠饼活命；科举考试更是不顺，仅靠补录侥幸获得举人功名，三次参加会试都名落孙山。1851 年，四十岁的左宗棠仍隐居在湘阴柳庄，他也做好了读书耕田以布衣终老乡下的准备。

若将左宗棠此时的遭遇与曾国藩、胡林翼、李鸿章相比，更让人为他着急，抱怨老天不公。曾国藩比左宗棠大一岁，他的家世也不显赫，算是中小地主，其祖父及父亲是当地士绅。曾国藩的科举之路一开始也不太顺利，但后来却发迹很快。他童子试竟考了七次，直到 1833 年，二十三岁才成为生员（即秀才），而此时二十二岁的左宗棠已考中举人。1834 年，二十四岁的曾国藩考中举人，1838 年，二十八岁的曾国藩又考中进士。而这一年左宗棠第三次会试落第，从此绝意科举。曾国藩在取得进士之后参加朝考，被点中成为庶吉士，进入翰林院深造。1840 年散馆后，被授予翰林院检讨。此后七年间，曾国藩屡蒙超擢，从七品的翰林院检讨一直升到从二品的内阁学士，兼礼部侍郎衔。又过两年升为礼部右侍郎，此后四年之中遍兼兵部、工部、刑部、吏部侍郎。曾国藩对此也非常得意，他在家书中写道，湖南三十七岁至二品者，本朝尚无一人。

再看胡林翼，他与左宗棠同岁，家世比较显赫。其父为嘉庆二十四年探花（会试一甲第三名），官至詹事府少詹事。胡林翼科举最为顺利，1835 年二十四岁中举人，1836 年二十五岁中进士。朝考后，改为庶吉士。1838 年二十七岁时授职翰林院编修。但此后胡林翼仕途不顺，1840 年在任江南乡试副主考时出现差错，被降一级调任内阁中书，不久又因丁父忧开缺回籍。胡林翼眼看仕途无望，就花一万五千两银子捐一贵州知府，历任安顺、镇远、思南、黎平四府知府，后升为贵东道。1853 年奉旨带兵前往湖北，后官至湖北巡抚。

李鸿章也不得了。他出生于 1823 年，比左宗棠小十一岁。他的父亲李文安与曾国藩是同榜进士，官至刑部督捕司郎中。李鸿章二十五岁考中进士，朝考后，改为庶吉士，二十八岁任翰林院编修。其科举、仕途之顺更是左宗棠所无法相比。

从以上对比不难看出，曾、胡、李三人都是科场的幸运儿，考中进士后又被选为庶吉士，出身翰林，胡林翼和李鸿章不到三十岁就成了翰林院编修，曾国藩不到四十岁就官至二品。再看看左宗棠，四十岁时还是一介乡下举人，而且看不到任何发迹的希望。那个时代，像左宗棠这样蜗居在乡下，甚至连温饱都解决不了的举人又不知有多少。

但当时的左宗棠却又与一般举人不同，他有两样法宝助他日后成功：一是饱读经世之书，储备智力财富；二是结交当朝名臣，积累人脉资源。前者使他不为时文所误，用心研读地理、军事、农学等有用之书，这为他以后的用兵和从政提供了渊博的智力支持；后者使他身居乡下，名闻朝野，一旦朝廷有用人之需，必然会有出头之日。左宗棠的成功就是他在早年读书交往的基础上，抓住了因农民起义爆发朝廷需才孔亟的大机遇，靠自己的不懈奋斗干出来的。三者缺一不可，三者共济成就一代名人。

不以一丝一粟自污素节

左宗棠出身贫寒，早年饱读农书，酷爱农学，后来官至总督，入值军机，封侯拜相，名震朝野，但他始终保持农人本色，时常告诫子孙以耕读为本，力戒官宦之家的奢华之气。他本人更是以身作则，不欲以一丝一粟自污素节，乐善好施，不蓄钱财，体现出一代名臣的高尚气节和情操。

1876 年，左宗棠在给儿子的信中写道：我平生志在务本，耕读而外别无所尚。三次会试后，既无意仕进，时值危乱，乃以戎幕起家。以后蒙皇上赏识，建节赐封，都是出乎意料之外，连想都不敢想的事。嗣后又以举人入阁，在家世为未有之殊荣，在国家为特见之旷典。不但天下人所不敢拟议，更非我所敢梦想！子孙能像我一样以耕读为业，务本为怀，我就很欣慰了。若必以功名事业高官显爵为光宗耀祖之事，岂能一定达到？更岂能数次出现？若以科名来炫耀门户，攫取利禄，甚至连耕读务本之素志都忘记了，那才真是不肖子孙。

左宗棠在戎马倥偬之际，仍能保持农人本色。1880 年，为收复伊犁，六十九岁的左宗棠进驻新疆哈密。据当时前往哈密军营拜访并在军营居住一月的德国人福克的回忆，当时的左宗棠每天黎明即起，往菜园眺望半晌，即回见属员。事毕，约七点钟，早膳，菜六碗。膳毕，握笔看公事。十二点中膳。膳毕，仍看公事。至五六点钟又往菜园，督看浇灌后回晚膳。膳毕，与营务处人员谈天，至十二点安睡。菜园约有二十亩，诸色瓜菜俱全。他还说：左宗棠年已七旬，身在沙漠之地，起居饮食，简省异常。内无姬妾，外鲜应酬之人，其眷属家人多未带至任上，惟一人在塞。对此，福克不由感叹道：一月以来，觉爵相年已古稀，心犹少壮，经纶盖世，无非为国为民，忠正丹心，中西恐无其匹。爱民犹如赤子，属员禁绝奢华，居恒不衣华服，饮食不尚珍馐。如此丰功伟烈，犹不改儒生气象，非有古大臣亮节高风，何以能至此！秦翰才也认为左宗棠在西北成功的原因之一是一种士大夫的素养在起作用，可见并非虚言。

左宗棠早年很贫寒，但他后来显贵后却对钱财看得很淡，常捐廉赈灾助人。1869 年，他在家信中写道：今年湖南水灾过重，灾异叠见，我捐廉万两助赈，并不入奏让朝廷知道。回想道光二十八九年，我在柳庄散米散药的情景，仿佛如同昨日，那时我只是一介寒士，人们视我为仁义。如今我位至总督，养廉银每年有二万两，区区之赈，又何足道哉！我常说，士人居乡里，能救一命即立一功德，因为他没有活人之权。若居高官享厚禄，则所托命者又何止数万、数百万、数千万？纵然时常有存活人之心，作活人之事，尚且不知能活几人？那些求活未能、欲救不得者，皆其罪过，怎敢以此为功乎？

左宗棠对跟随自己多年的旧将和部下，更是不忘旧情，倾囊相助。刘典，湖南宁乡人，随左宗棠转战多年。左宗棠为陕甘总督时，刘典帮办陕甘军务，后署陕西巡抚。刘典因母病回乡侍养，但每念西事艰难，不忍让左宗棠独任劳苦，朝夕忧思，以至于寝食难安。一开始，他母亲怕他远离，让孙子监视，后察觉实情，又允许儿子复出，并劝告儿子说，事完后速归。于是，刘典又复出帮办左宗棠军务，为平定陕甘、收复新疆出力甚多。刘典秉性清严，自奉俭约。在兰州病故后，身后萧条。左宗棠写家信嘱咐说：刘典身后一切费用及灵柩还故里，建百岁坊，共六千两，均由我廉项划给，不动公款，以免累及刘典清德。

1876 年，他在家信中还说，我家积世寒素，近乃称巨室。虽屡屡申戒不可沾染世宦积习，但家用日增，已有不能节省之势。我廉金不以肥家，有余辄随手散去，尔辈宜早自为谋。我打算将剩余的养廉银分作五份，一份留作爵田，其余分作四份，每份不超过五千两。这就是左宗棠准备留给儿子的家产，其廉洁好施的品格令人钦佩。

婞直狷狭之性不合时宜

左宗棠是一个很有个性的人，他在给儿子的信中说"吾以婞直狷狭之性不合时宜，自分长为农夫以没世"。意思是说，我的性格倔强固执，不善于与人交往，本应以农夫终老乡下。当时也有人说他专断擅权、气量狭小、性情急躁。左宗棠真是这样的人吗？

秦翰才在《左文襄公在西北》一书中，专门谈到左宗棠的性行。他认为左宗棠志大言大，自小有夸大狂。每写成一篇文章，必自鸣得意，夸示同学。二十多岁时，正穷得不得了，还写成一副对联自夸：身无半亩，心忧天下；读破万卷，神交古人。他从陕甘回来，每次和别人谈话，总是夸耀他经营西北的功业。左宗棠的个性格外刚直矫激，心上一不以为然，就可以和人家决裂，因此，一方面不易容于人，又一方面也不能容人。另外，左宗棠才气纵横，精力充沛，就不免予智自雄，事事喜专断，事事要躬亲。因此，他虽当了三十多年的大权，部下极少出类拔萃的人物。因为同是有才气，有怀抱的人，必不甘只处于唯唯诺诺，随人俯仰的地位；但是要有什么主张，或有什么表现，便极易和左宗棠发生冲突。他认为，左宗棠性情太刚，气度太窄，到底不能容人才，真是人才，不愿常为左宗棠所用，能够留下来的，就余子碌碌不足数了。

这当然只是一家之言，其实还有相反的评价。前面提到与左宗棠共事多年的闽浙总督杨昌濬就针对有人议论左专断擅权、气量狭小、性情急躁，辩解说这是不知左用意之所在，左其实外严厉而内慈祥，所至之处，威惠并行。左钦敏在《湘阴人物传》中也说左宗棠善知人，识拔一时名将，如塔齐布、鲍超、江忠源、王鑫、王开化、蒋益澧、杨岳斌、刘松山、刘锦棠等。并说左宗棠用人，开诚布公，护短集长，严其心使不慢，养其气使不竭，故人无不尽之用。议论国是，与曾国藩、郭嵩焘大义违异，而遇其子弟亲戚恩若平生。爱惜人才，无大小必成就之。

左宗棠与曾国藩的关系是时人及后人议论的话题，从中也可以看出左宗棠的个性。曾、左两人相差一岁，曾国藩发迹较早，翰林出身，三十七岁就官至二品，而左宗棠只有举人功名，四十岁时还一事无成。按常理，左宗棠应该崇拜曾国藩才是。但左宗棠是个饱读诗书、见过大世面的人，林则徐、陶澍之辈才是他的偶像。曾国藩后来成为湘军领袖，湘军上下几乎人人视其马首是瞻，唯独左宗棠是个例外。左宗棠未出山时，与曾国藩、胡林翼相交往，气势反在曾、胡二人之上，曾、胡二人对左宗棠都很器重。后来，左宗棠襄办曾国藩军务，但他对曾国藩的才能并不欣赏，他在给儿子的信中说，曾国藩将大营安在祁门，未为得地。曾才略太欠，自入窘乡（指在祁门扎营，陷入险境），恐终非戡乱之人。我此去要尽平生之心，轰烈做一场。显然对曾国藩的用兵不以为然，甚至有取而代之之意。左宗棠后来的发迹与曾国藩的保举也有关系，但他并未流露出太多感激之情。当曾国藩去世后，他写的挽联是：谋国之忠，知人之明，自愧不如元辅；同心若金，攻错若石，相期无负平生。他对此的解释是，君臣朋友之间，居心宜直，用情宜厚。从前彼此争论，每拜疏后即录稿咨送，可谓锄除陵谷，绝无城府。所争者国事兵略，非争权竞势可比。左宗棠这里说的都是实话，他的直和刚也由此可见。他最佩服曾国藩的地方就是"知人之明"，对曾国藩晚年识拔刘松山极为感激。可以想象，左宗棠要是没有刘松山、刘锦棠叔侄争当先锋，他平捻及西征可能会是另外一番景象。

综合起来看，左宗棠是一位志向远大、才能卓越、自负豪迈、刚直固执、不同流俗之人。其成功缘于此，其局限亦缘于此。俗话说，性格即命运，左宗棠的性格对他一生的事业有着决定性的影响，他注定是一个不平凡的人物。

不避艰辛，敢担大任

左宗棠出身贫寒，科场不顺，本没有多少出头的机会，但他一旦被朝廷重用，就感激不尽，尽心尽力，不惧艰险，敢担大任，体现出中国传统文人那种知恩图报、士为知己者死的品性。

1862 年，左宗棠正在浙江进攻太平军，他在给儿子的信中写道：我一介书生，蒙朝廷特达之知，擢任巡抚，危疆重寄，义无可诿，惟有尽瘁图之，以求无负。其济则国家之幸，苍生之福，不济则一身当之而已。

平定太平天国后，左宗棠坐镇东南，不久即被一道诏书调往西北。当时西北糜烂至极，稍有不慎就重蹈覆辙，功名尽毁，但左宗棠不避艰难，敢于赴任。他在 1870 年给儿子的信中说：西事败坏至极，吾以一身承其敝，任其难，万无退避之理，尽其心力所能到者为之。近时颇多不谅者，然直道自在人心，听之而已。针对别人对他西征的担忧和议论，他表示，天下事总要人干，国家不可无陕甘，陕甘不可无总督。一介书生，数年任督抚，岂可避难就易！

陕甘大局平定后，左宗棠又承担起收复新疆的重任。新疆广袤数千里，又涉及外国侵略，其收复的难度更大于平定陕甘，但左宗棠并未畏难退缩。他向朝廷表示：臣本一介书生，辱蒙两朝殊恩，高位显爵，实为平生梦想所不到。怎敢再想立功边域，奢望恩施？况且我已六十有五，正苦日暮途长，再不自量力，也不敢妄引边荒艰巨为己任。但目前局势万不得已，伊犁为俄人所踞，喀什噶尔各城为阿古柏所踞，事平后，应如何布置，尚待准备。若此时便置之不问，将后患无穷。

左宗棠的这段表白，意思是说，自己愿出关收复新疆，并非是为了再立新功，赢得朝廷奖赏，而是因为新疆未复，自己不能置身事外，非布置妥当才能心安。其不忍坐视成败，愿"引边荒艰巨为己任"的担当的确令人钦佩和景仰。彭玉麟在挽联中说他"忠君爱国，直做到全始全终"，左宗棠可谓受之无愧。

一生最恨是和戎

左宗棠身处西强中弱的近代中国，落后挨打成为他那一代中国人心中挥之不去的痛。左宗棠作为洋务派中的一员，也一直把向西方学习，实现富国强兵作为奋斗目标，但他与曾国藩、李鸿章明显不同的是，他对外态度一直比较强硬，积极主张抵抗外国侵略。在俄国占据伊犁久不归还之际，他不顾年迈，舁榇出征，准备用武力收复伊犁，曾纪泽最后能通过谈判挽回一些利权，与左宗棠的军事准备大有关系。垂暮之年，面对法国的侵略，他又主动请缨，南下督师，为援助台湾、部署东南沿海防务倾尽了最后的心血，又命部下王德榜奉旨组建"恪靖定边军"，取得了镇南关大捷。虽然由于国势衰弱，左宗棠一人难以挽回败局，但他不向列强屈服、敢于抵抗侵略、维护国家主权和利益的决心和举动，仍给朝野上下以极大的鼓舞，为中国人争得一些尊严和脸面。他之所以被后世的史学家冠以爱国者或民族英雄的称号，赢得较高评价，正缘于此。林世焘在挽诗中称赞左宗棠"绝口不言和议事""一生最恨是和戎"，可谓恰如其分。左宗棠这个名字与爱国者和民族英雄紧紧联系在了一起。

朱孔彰在《中兴将帅别传》中，赞左宗棠尽瘁驰驱，白首临边，不易初志，功成名立，与日月争光。当其排众议，揣夷情，决胜算，我战则克，何其智且勇也。非常之功必待非常之人。从左宗棠的一生来看，他真不愧是一位在非常之世、凭非常之才、立下非常之功的非常人物。

附　录

年　谱

1812 年（清嘉庆十七年）　11 月 10 日（十月初七）出生于湖南省长沙府湘阴县南乡左家塅（今属湘阴县金龙乡新光村）

1815 年（嘉庆二十年）　随祖父左人锦在家读书。

1816 年（嘉庆二十一年）　全家迁居长沙左氏祠，父亲开馆授徒，随父读书。

1817 年（嘉庆二十二年）　读《论语》《孟子》，兼读《四书集注》。

1820 年（嘉庆二十五年）　开始学应试的八股文。间读史书。

1826 年（道光六年）　开始应童子试。

1827 年（道光七年）　应府试，名列第二，因母病归，未参加院试。

1829 年（道光九年）　读《皇朝经世文编》《读史方舆纪要》《天下郡国利病书》等书。

1830 年（道光十年）　常向贺长龄借书，被推为"国士"。父左观澜病故。

1831 年（道光十一年）　考入长沙城南书院，为山长贺熙龄所赏识。

1832 年（道光十二年）　5 月，捐监生。9 月，应本省乡试，中第十八名举人。与湘潭周诒端结婚，入赘妻家。

1833 年（道光十三年）　春，入京参加会试落第。

1835 年（道光十五年）　第二次赴京参加会试，又落第。

1836 年（道光十六年）　开始编绘全国和各省地图，以及历史地图。纳妾张氏。

1837 年（道光十七年）　赴醴陵，主讲渌江书院。遇两江总督陶澍，被视为"奇才"。

1838 年（道光十八年）　第三次赴京会试落第，从此绝意科举。归家后，
致力于农事，研究农学。

1839 年（道光十九年）　从事于舆地图说及历代兵事研究，在家种桑
养蚕。

1840 年（道光二十年）　至安化陶澍家，设馆教其子陶桄读书，帮同料理
家务。得以遍阅陶家丰富藏书。

1841 年（道光二十一年）　在安化陶家任教。

1842 年（道光二十二年）　在安化陶家任教。与陶澍女婿胡林翼谈论
古今。

1843 年（道光二十三年）　在安化陶家任教。在湘阴南乡柳家冲购置田产
70 亩。

1844 年（道光二十四年）　在安化陶家任教。将妻小从湘潭迁回湘阴，居
柳家冲，署门曰"柳庄"。授课之余，即回柳庄督工耕种，自号"湘
上农人"。

1845 年（道光二十五年）　在安化陶家任教。在柳庄种茶、植树。

1846 年（道光二十六年）　在安化陶家任教。编成《朴存阁农书》。

1847 年（道光二十七年）　秋，结束在安化陶家任教，返回湘阴柳庄。致
力于兵学研究。

1848 年（道光二十八年）　湘阴大水，家人皆病，赈济乡邻，研究兵学。

1849 年（道光二十九年）　至长沙，在朱文公祠开馆授徒。胡林翼推荐于
云贵总督林则徐，未赴任。

1850 年（道光三十年）　与林则徐会晤于长沙湘江舟中。林视其为"绝
世奇才"。

1851 年（咸丰元年）　居湘阴柳庄。与胡林翼书信商议抵抗太平军之策。

1852 年（咸丰二年）　太平军进攻长沙。9 月，自柳庄迁居湘阴东山白水
洞"避乱自保"。10 月，应湖南巡抚张亮基之聘，入幕任兵事，抗击
太平军。

1853 年（咸丰三年）　以防守湖南有功，得旨以知县用，并加同知衔。2

月，随张亮基赴武昌，仍做幕僚。10月，回湘阴，归居东山白水洞。

1854年（咸丰四年）　　4月，应湖南巡抚骆秉章之聘，再入湖南巡抚幕府。

1855年（咸丰五年）　　力主援助江西。开办湖南厘金。别除漕粮积弊。

1856年（咸丰六年）　　御史宗稷辰举荐人才，首列左宗棠。胡林翼向朝廷举荐左宗棠。

1857年（咸丰七年）　　骆秉章以湖南军务方急，奏留左宗棠。左将全家移居长沙。

1858年（咸丰八年）　　骆秉章奏左宗棠谋划有功，朝廷赏加四品卿衔。

1859年（咸丰九年）　　永州镇总兵樊燮向湖广总督官文和都察院诬控左宗棠陷害，朝廷命查办。

1860年（咸丰十年）　　因樊燮京控案，离开湖南巡抚幕府。奉旨襄办曾国藩军务，募练"楚军"。11月，抵景德镇，镇守祁门后路。

1861年（咸丰十一年）　　1月，在景德镇击退太平军。4月，乐平之战，击败太平军李世贤部。5月，谕命帮办曾国藩军务。6月，授太常寺卿。11月，督办浙江军务。

1862年（同治元年）　　1月，授浙江巡抚。2月，率军进入浙江，5月，与太平军李世贤部激战。

1863年（同治二年）　　1月，率部攻陷严州。2至3月，连下汤溪、龙游、兰溪，3月，占领金华。5月，授闽浙总督。

1864年（同治三年）　　3月，率部攻占杭州。4月，赏加太子少保衔，赏穿黄马褂。8月，攻占湖州，占领安吉，平定浙江。11月，诏封一等伯爵，赐名"恪靖"。

1865年（同治四年）　　5月，抵福州。谕命节制福建、广东、江西三省各军攻剿太平军余部。

1866年（同治五年）　　2月，攻占嘉应州城，江南太平军余部覆灭。7月，清廷批准左宗棠设厂造船请求。9月，谕令调任陕甘总督。

1867年（同治六年）　　2月，授为钦差大臣，督办陕甘军务。7月，抵潼关。

1868 年（同治七年）　率军入晋、豫、直隶，追剿西捻军。8 月，赏加太子太保衔。9 月，入京受两宫太后召见。11 月，抵西安，决定分东北和西南两路进军。

1869 年（同治八年）　4 月，督军攻占董志原。6 月，进攻金积堡。12月，由泾州进驻平凉，接陕甘总督印。

1870 年（同治九年）　继续督师进攻金积堡。2 月，老湘军统领刘松山战死。10 月，刘锦棠等部从东西两面进逼金积堡。

1871 年（同治十年）　1 月，攻占金积堡。3 月，赏加骑都尉世职。7 月，分三路进攻河州。

1872 年（同治十一年）　5 月，上奏驳斥停造轮船言论。创办兰州制造局。8 月，入驻陕甘总督驻地兰州。

1873 年（同治十二年）　10 月，抵肃州，督率各军加紧攻城。11 月，攻占肃州。12 月，清廷着以陕甘总督协办大学士，赏加一等轻车都尉世职。

1874 年（同治十三年）　2 月，上奏请将甘肃改为分闱乡试，并分设学政。8 月，补授大学士，仍留陕甘总督任。

1875 年（光绪元年）　4 月，上奏主张海防与塞防并重。5 月，谕令以钦差大臣督办新疆军务。

1876 年（光绪二年）　4 月，抵肃州，举行出关祭旗仪式。8 月，西征军收复乌鲁木齐。

1877 年（光绪三年）　4 月，西征军攻占达坂城、托克逊、吐鲁番三城，打开通往南疆的门户。12 月，收复喀什噶尔。

1878 年（光绪四年）　1 月，收复和田，新疆除伊犁外，全部收复。3 月，清廷加恩由一等伯晋为二等侯。

1879 年（光绪五年）　9 月，上奏反对崇厚所定条约。

1880 年（光绪六年）　4 月，上奏支持曾纪泽赴俄再议伊犁问题，计划分三路进攻伊犁。6 月，抵哈密。9 月，在兰州创办甘肃织呢局。

1881 年（光绪七年）　2 月，入京。任军机大臣，在总理衙门行走，管理兵部事务。10 月，授两江总督，兼南洋通商事务大臣。

1882 年（光绪八年）　　2 月，抵南京，就任两江总督兼南洋大臣。5 至 6月，乘船巡察江海防务。

1883 年（光绪九年）　　3 月，出省查看水利工程。7 月，奏请创设渔团。8 月，奏请命旧部王德榜招募数营驻扎滇南粤西边防要地。

1884 年（光绪十年）　　5 月，奉旨来京陛见。6 月，再次入值军机。9 月，谕命为钦差大臣，督办福建军务。

1885 年（光绪十一年）　　在福建筹划援台事宜，部署海防。3 月，王德榜所部取得镇南关大捷。7 月，上奏请专设海防全政大臣，奏请移福建巡抚驻台湾。9 月 5 日，在福州病逝。清廷追赠太傅，予谥"文襄"。享年七十三岁。

主要著作及参考书目

1. 《左宗棠全集》（全 15 册），岳麓书社，1996 年。

2. 罗正钧：《左宗棠年谱》，岳麓书社，1983 年。

3. 秦翰才：《左文襄公在西北》，岳麓书社，1984 年。

4. 董蔡时：《左宗棠评传》，中国社会科学出版社，1984 年。

5. 杨东梁：《左宗棠评传》，湖南人民出版社，1985 年。

6. 军事科学院编写组编：《中国近代战争史》（第二册），军事科学出版社，1985 年。

7. 郭廷以编著：《近代中国史事日志》，中华书局，1987 年。

8. 朱孔彰：《中兴将帅别传》，岳麓书社，1989 年。

9. 龙盛运：《湘军史稿》，四川人民出版社，1990 年。

10. 左焕奎：《左宗棠略传》，华中师范大学出版社，1993 年。

11. 孙占元：《左宗棠评传》，南京大学出版社，1995 年。

12. 刘禺生撰：《世载堂杂忆》，中华书局，1997 年。

13. 苏同炳：《中国近代史上的关键人物》，百花文艺出版社，2000 年。

14. ［美］庞百腾撰，陈俱译：《沈葆桢评传》，上海古籍出版社，2000 年。

15. 沈传经、刘泱泱：《左宗棠传论》，四川大学出版社，2002 年。